묻지마 폭행 예방무술

종합 무도실기

이기세 · 장동수 · 조병욱 · 김유식 · 김성범 · 나춘소 · 노성환
김영국 · 서범상 · 황현덕 · 박규리 · 노미원 · 이용완 공 저

도서출판 진영사

묻지마 폭행 예방무술 종합 무도실기

이기세 · 장동수 · 조병욱 · 김유식 · 김성범 · 나춘소 · 노성환
김영국 · 서범상 · 황현덕 · 박규리 · 노미원 · 이용완 공 저

2023년 11월 27일 초판 인쇄
2023년 11월 30일 초판 발행

발행인: 박진영
발행처: 도서출판 진영사
인천광역시 부평구 주부토로 236 인천테크노밸리 U1 지식산업센터 B동 1507호
전화: 032)505-4207
팩스: 032)505-4206
E-mail: 0183734207@hanmail.net
신고번호: 제2007-000001호(2007.01.19.)

ISBN 978-89-6541-626-5 93690
값: 23,000원

글머리

최근들어 우리는 상상할 수 없는 사회 현상을 겪고 있다. 만난적도 없었고 이유도 없이 무작위로 무차별적으로 공격하거나 사람을 살해하는 일들이 매일 3건씩 일어나고 있는 가운데, 14일 경찰청이 국회 행정안전위원회 소속 국민의힘 정우택 의원에게 제출한 '이상동기범죄 대책' 문건에 따르면 올해 상반기(1~6월) 살인 · 상해 · 폭행 사건 가운데 '사회에 대한 적대감'이 범행동기로 파악된 사건은 64건, '제3자 대상 분풀이'는 861건이었다. 전체 925건 가운데 폭행 사건이 모두 554건이었다. 사회 적대감에서 비롯한 64건 가운데 단순 폭행이 38건(59.4%)으로 가장 많았다. 제3자 분풀이 사건 역시 단순 폭행이 507건으로 58.9%를 차지했고 폭행치상이 9건(1.0%)이었다. 모르는 사람에게 또는 길을 가다가 이유 없이 맞는 '묻지마 폭행' 사건이 상반기 하루 평균 3건 가량 발생한 셈이다 (부산일보,2023.8.16.).

문제는 이유없이 폭행을 당하거나 칼부림에 피해를 보는 사람들과 그로인해 죽음에 이르는 피해를 보는 당사자 뿐만이 아니라 그 가족들의 고통이 기하급수적으로 늘어나고 있나는 것이다.

예측할 수 없는 상황에 대처하기 위한 대안은 없을까? 그렇지 않다는 것이 정답이다. 조금만 생각해도 해결이 가능하다는 것이다. 상대방의 반응만 잘 살펴도 죽음을 면할 수 있고, 위험성에 대한 경각심만 있어도 피해를 면할 수 있다. 본 교본은 상황에 맞는 사례를 통해 위험한 상황을 극복해 낼 수 있는 다양한 무도의 장점을 수련하여 자신을 스스로 보호할 수 있는 묻지마 폭행 대처 호신술의 기초적인 자료로 활용되기를 기대한다.

저자일동

목 차

I

묻지마 폭행예방 호신술

〈이론〉

1. 묻지마 폭행의 의미
2. 묻지마 폭행 예방의 필요성
3. 묻지마 폭행의 유형별 특징
4. 일반적 폭행과 묻지마 폭행의 특징
5. 묻지마 폭행 예방 수칙
6. 묻지마 폭행 대처 방안을 셀프 호신술로 전환 활용
7. 폭력 구분의 이해

〈실기〉

1. 묻지마 폭행범 예방 셀프 묻지마 폭행 대처 호신술
2. 묻지마 폭행 대처 호신술
3. 묻지마 폭행의 예방 호신술 주차별 강의계획서

Ⅰ. 묻지마 폭행 예방 호신술

1. 묻지마 폭행의 의미

과거에 우리의 풍습은 지나가는 어른에게 공손하게 인사하는 아름다운 미덕을 가지고 있었다. 하지만 오늘날 풍습은 지나가는 사람들을 피해서 다녀야 하는 아주 불안정한 사회를 살아가고 있다. 최근들어 불특정한 사람을 대상으로 아무런 이유없이 주먹을 휘두르거나 칼이나 도구를 활용하여 마구잡이로 공격하는 행위가 자주 벌어지고 있다는 뉴스를 언론을 통해 매일같이 접하고 있다. 예를들면 분리수거 하다가 무차별 폭행을 당하는 여성이 있는가 하면 등산을 할 수 있는 동네 산자락에서는 여성을 무차별 공격하여 성폭행한 후 사망에 이르게 한 경우도 있다. 그냥 때리고 싶어서 폭행을 하고, 죽이고 싶어서 살인을 한다면 어떻게 사람들이 세상을 안전하게 살아갈 수 있을까? 이처럼 초면인 사람에게 마치 원수지간에도 벌어지지 않을 듯한 묻지마 폭행이 자행되고 있다.

2. 묻지마 폭행의 예방의 필요성

우리는 살아가면서 언제 무슨일이 일어날지 아무도 예측하지 못하고 산다. 자연재해는 사전에 안전조치와 대처요령만 알아두면 생명을 보존할 수 있다. 하지만 묻지마 폭행은 누구라고 대상을 정해놓은 벌이는 상황이 아니기 때문에 사망에 이르기가 더 쉽다. 따라서 기본적인 주의만 기울인다면 어느정도는 묻지마 폭행에 대하여 예방을 할 수가 있다. 가정의 행복을 유지하기 위해서는 가족구성원들이 아프지 않고 건강을 유지하면서, 교통사고, 질병, 또는 무차별적인 묻지마 폭행에서 자유로워야 한다.

어느 한가지로 인하여 가족이 우울하게 된다면 가족의 행복이 붕괴될 수 있다는 것을 기억해야한다.

작은 예를 든다면 아무 생각없이 이어폰을 귀에 꽂고 음악을 듣고 다니면 주변에 어떤일이 일어나는지도 모르거니와 가해자가 이유없이 자신을 공격하고 있다는 사실도 모를 수가 있다. 한쪽은 이어폰을 장착하고 다른 쪽은 주변의 상황을 주시하면서 걷는 습관이 우선 스스로가 범죄로부터 보호를 받을 수 있는 안전장치가 되는 것이다. 자신을 보호하는 것이 이렇게 쉬운 생활습관부터 시작되는 것이다.

어떤일이 일어날지도 모르기 때문에 늘 사전에 안전에 대한 신경을 쓰는 사람과 일이 발생하는 순간 순발력을 통해 모면하는 사람, 그리고 일이 발생되면 수습하는 유형으로 구분되어 진다. 여러분은 어떤 유형이 가장안전하게 살아가는 유형이라고 생각하십니까?

3. 묻지마 폭행의 유형별 특징

묻지마 폭행은 사전에 계획된 유형과 계획되지 않은 종류로 나눌 수 있다. 사전에 계획된 묻지마 폭행은 특히 연인관계에서 발생된다. 자주 만나주지 않는 애인 집 근처에 숨어 있다가 애인을 보자마자 폭행하거나 협박을 하여 납치한 후 자가용에 태우고 다니면서 고통을 주는 행위이다.

사전에 계획되지 않은 묻지마 폭행은 가해자의 심리적 불안과 사회에 대한 불만이 쌓였거나, 정신적으로 문제가 되는 사이코패스 기질을 가지고 있는 사람들이 불특정다수에게 무차별적으로 폭행을 가하거나 칼로 공격하고, 둔기로 사망에 이르게 하는 행위를 말한다. 퇴근시간에 엘리베이터 앞에서 발차기로 충격하여 쓰러지게 하는 행위, 화학약품을 뿌려 화상을 입히는 염산테러, 여성의 문신이 보기 싫어서 부산역에서는 50대 남자가 두 명의 여성을 무차별 폭행하여 코뼈가 내려앉는 등의 상처를 내기도 하였다. 홍대 근처에서는 여성들이 자신의 외모를 비하해서 여성의 머리채를 잡고 흔드는 폭행을 저질렀다고 했다. 술을 먹고 택시기사를 마구 폭행하는 경우가 있는가 하면 대구의 모 편의점에서는 한 여성이 이유없이 다른 사람을 폭행하였고, 출동한 경찰까지도 폭행하는 일이 벌어졌다. 대전의 한 편의점 앞에 있는 테이블에서는 왜 쳐다보느냐고 시비를 걸어오면서 30대 남성 2명과 여성한명에게 폭행을 당한 20대 여성은 입술 윗부분을 15바늘을 꿰맸다고 한다.

이처럼 다양한 유형의 묻지마 폭행은 지금 이시간도 어디에선가 진행되고 있으며, 이보다 더 강력한 폭행들이 난무할 수도 있을 것이라고 예측된다.

4. 일반적 폭행과 묻지마 폭행의 특징

일반적 폭행은 알고 지내는 지인들끼리 또는 친구 간에 벌어지는 사소한 말다툼 끝에 나타나는 충돌의 형태라고 한다면 묻지마 폭행은 알지도 못하는 사람이 얼마만큼의 폭행이 아닌 죽도록 가해지는 폭행의 일종이다.

일반적 폭행은 가해자의 행동을 사전에 읽을 수 있기 때문에 피해를 줄일 수도 있고, 사전에 차단할 수 도 있다. 하지만 묻지마 폭행은 예측도 못하지만 그 충격의 강도조차 예측하기 힘들기 때문에 도중에 피할 수 있는 여력이 없다는 것이 단점이며, 피해가 큰 폭행이기도 하다.

5. 묻지마 폭행 예방수칙

1) 가급적이면 혼자 다니지 말고 골목길로 다니지 말 것
2) 이어폰을 사용하여 음악을 듣거나 핸드폰을 사용할 경우 반드시 한쪽 귀만 사용할 것
3) 보행시 다른 사람들과 충돌하지 않도록 피하면서 걷기
4) 전자식 휘슬(호루라기)을 소지하고 다닐 것
5) 횡단보도를 건널 때는 반드시 핸드폰을 사용하지 말 것
6) 공사장 주변을 지나갈 경우 반드시 사방을 살핀 후 이동할 것
7) 위험한 상황이라고 생각되면 소리를 지르거나 사람이 많은 곳으로 뛰어 갈 것
8) 칼이나 위험한 둔기를 가지 사람이 앞에서 위협을 할 경우 등을 바닥에 대고 누워서 두 발을 들어 방어할 것
9) 호신도구 사용법을 숙지하고 다닐 것
10) 위험한 상황이라고 생각 될 경우 무엇이든지 소지하고 있는 도구는 신체보호 도구 로 사용할 것

예를 들면 상대방이 칼로 공격해오면 가방을 배 앞쪽에 대거나 핸드백을 휘둘러 상대방의 얼굴을 향해 공격할 수도 있으며, 가지고 있던 핸드폰 모서리고 상대의 관자놀이를 내려칠 수도 있다. 날카로운 구두를 착용하고 있다면 상대방의 정강이를 힘껏 차거나 상대방이 주먹을 휘두르면 옆을 살짝 피하거나 자세를 약간 낮췄다가 일어나도 일시적인 호신 효과가 있다.

6. 묻지마 폭행 대처 방안을 셀프 호신술로 전환 활용

위기상황이 발생할 경우 범인을 대적하여 셀프호신술을 활용할 시에는 다음과 같은 수칙에 입각하도록 한다.

첫째, 묻지마 폭행범에게 잡히면 자세를 낮추고 아랫배에 힘을 주고 숨을 마시도록 한다. 묻지마 폭행이 시작될 것이라고 예측이 되면 가해자 대부분이 흥분되었거나 과격한 행동으로 나오므로 반드시 자세를 낮추고 안정된 자세를 취해야만 효과적인 기술로 연결할 수 있다. 상대방에게 어깨, 멱살, 허리 등을 잡히면 제일 먼저 양발을 어깨 넓이로 벌려 평안한 상태에서 상대방이 밀거나 당기거나 흔들 때 순간적으로 중심이동을 하면서 꺾거나 비트는 동작으로 제압할 수 있는 것이다.

둘째, 묻지마 폭행범이 밀 때는 상대의 힘을 이용하여 회전하도록 한다. 범인이 밀어 올 경우에 대한 기본 수칙으로서 원심력을 이용하여 원형으로 유도하면서 팔을 비틀거나 꺾거나 발로써 빗장을 걸어 넘겨 제압하는 기술이다.

셋째, 묻지마 폭행범이 당기면 상대방 쪽으로 밀도록 한다. 묻지마 폭행범이 잡아당길 때 당기는 방향으로 밀어서 당기는 힘을 배가시킴으로써 중심을 잃게 하여 힘을 역이용할 수도 있다.

넷째, 묻지마 폭행범의 힘과 기세가 제압하려는 자와 팽팽히 맞설 때 안정된 자세에서 좌 또는 우로 흔들든지 발로 낭심 등을 차는 방법 등으로 범인을 교란시킨다. 왼쪽으로 꺾는 척 오른쪽으로 꺾고, 오른쪽으로 비틀어 꺾는 척 하면서 왼쪽으로 비틀고, 앞으로 미는 척 당기거나 당기는 척 밀어 넘기고, 발로 차는 척 손목을 꺾고, 발로 무릎을 차는 척 팔을 얽어 꺾는 등의 교란 전술을 활용하도록 한다.

다섯째, 범인을 한쪽 방향으로 틀어서 제압하도록 한다. 묻지마 폭행범이 본인의 멱살, 어깨, 허리띠 등의 부위를 손으로 비틀어 잡고 공격 해 온다면 당황하지 말고 이를 두손으로 비틀어 잡아 힘이 한 쪽으로 쏠리고 있는 방향을 신속히 파악한 후 비틀고 있는 동일 방향으로 더 비틀어 줌으로써 팔 관절의 가동성이 한계에 부딪혀 1차로 어깨가 꺾이고 2차로 몸이 기울어지면서 중심을 잃게 하여 완전히 제압 되도록 한다.

여섯째, 묻지마 폭행범 제압 시 무릎이나 팔굽을 최대한 이용하여 공격하도록 한다. 급박한 상황이 발생하면 무릎으로 대퇴부, 낭심, 옆구리 등을 공격한다든지 팔굽으로 목덜미, 턱, 관자놀이 등을 공격하도록 한다. 이러한 기술은 생명에는 크게 지장이 없지만 묻지마 폭행범 등에 한하여 극히 제한적으로 사용하여야 할 것이다.

7. 폭력 구분의 이해

1) 학교폭력

학교폭력 피해 청소년들은 높은 수준의 불안감과 수치심, 가해학생에 대한 분노감을 가지며, 친구 및 교사와의 관계형성에 어려움을 가진다(양계민, 정현희, 1999). 학교폭력 피해자가 학교생활적응의 보효 요인으로는 사회적지지, 자기 자신에 대한 이해, 또래와의 원만한 관계, 지역사회와 가족의 친밀감등의 외적인 요인과 자아존중감, 공감능력의 내적인 요인들로 구성되어있다(현금희, 2012)

학교 폭력 예방 및 대책에 관한 법률 제2조에 따르면 학교폭력이란 학교 내외에서 학생을 대상으로 발생한 상해, 폭행, 감금, 협박, 약취 · 유인, 명예훼손 · 모욕, 공갈, 강요 · 강제적인 심부름 및 성폭력, 따돌림, 사이버 따돌림, 정보통신망을 이용한 음란 · 폭력 정보 등에 의하여 신체 · 정신 또는 재산상의 피해를 수반하는 행위를 말한다.2)

학교 폭력은 힘의 불균형, 고의성, 반복성 등을 특징으로 한다. 즉, 관계에서 힘이 더 센 학생이 약한 학생을, 다수의 학생이 소수의 학생을 실수가 아닌 고의로 반복하여 괴롭힌다.3) 이러한 학교 폭력의 경험이 개인(victim)의 적응 능력을 압도하게 되면 강렬한 두려움, 무력감, 통제상실 등에 관한 느낌을 갖는 심리적 외상으로 작용할 수 있다.4) 특히 학교 폭력의 집단성, 반복성을 고려하였을 때 피해자들은 만성적이고 반복적인 폭력에 노출되므로 복합적이고 심각한 심리적 결과가 초래될 수 있다.3),5) 그러므로 폭력이 종결된 후에도 지속적으로 정신 건강에 영향을 미치며6) 심리적 외상으로 남아 정신 구조를 변화시킬 수 있다

2) 성폭력

대검찰청의 「2021 범죄분석」에 따르면 최근 한국의 주요 강력범죄(살인, 강도, 방화, 성폭력, 폭행/상해) 발생건수는 대체로 감소하는 추세를 보이는 것으로 드러났다. 하지만 성폭력범죄만은 그렇지 않다. 2011년 22,168건이었던 성폭력범죄는 대체로 증가하는 추세를 보이며 2020년 30,105건을 기록하며 주요 강력범죄 중 유일하게 10년 전과 대비하여 증가한 수치를 보였다(대검찰청, 2021). 성폭력범죄는 피해자와 그 가족들에게 행동적 또는 심리적 · 사회적 후유증을 유발한다는 점에 서 피해의 심각성이 큰 범죄로 분류된다(박종렬 · 노상욱, 2008; 양혜경, 2017;김수민, 2021)

이러한 현실 속에 2008년 초등학생 어린이를 납치 · 성폭행하여 12년형을 선고받은 조두순이 2020년 12월 만기출소했고(「시사뉴스」,2020.12.12.), 2021년 8월 성폭력

전자감독대상자 강윤성이 전자장치 훼손전후로 여성 2명을 살해한 사건이 발생했으며 (「아주경제」, 2021.10.14.),

성범죄를 저지른 전자감독대상자 가운데 전자장치 부착기간에 재범을 저지른 사람 122명 중 77.9%인 95명이 3년 이내 또다시 범죄를 저지르는 연구결과가 제시되는(이승원 · 서혜란 · 이수정, 2021; 「서울신문」, 2021.09.01.) 등 성폭력사범 관리와 관련하여 국민의 불안감은 높아지고 있다. 법무부는 전자 감독대상자의 전자장치 훼손 및 재범사건으로 커지는 국민의 불안감을 해소하기 위해 실효적 대응방안을 발표했다 (법무부 브리핑자료, 2021.09.03.).

그중 가장 눈에 띄는 점은 전자장치 부착기간 중 준수사항 위반자에 대해 엄정하게 억제를 가하고 대응을 강화하는 것이다.

3) 언어폭력

사람들은 일상에서 언어를 통해 정보와 정서 등을 공유하고 수많은 지식을 습득하고 이를 효율적으로 전달하는데, 비록 언어 이외에 다른 매체(영상, 그림, 음악)들이 정보와 지식 그리고 정서를 공유하지만 언어만큼의 효과에 미치지 않으므로, 그러기에 언어는 인간 삶에 강력한 힘을 가지고 있다는 것이다(김종선 · 안성진, 2020).

화자(話者)들은 일상생활에서 대화를 하거나 자신의 감정을 표현하는 수단으로 나름대로의 목소리를 가지고 상황에 따라 적절하게 말하지만, 어떤 사람의 목소리는 듣기에 편하고 더 많이 기억되기도 하고 그렇지 않은 목소리는 호감을 얻지 못할 뿐만 아니라 부정적인 반응을 불러일으키기도 한다(박란희, 2009). 언어폭력의 사전적 정의는 말로써 온갖 음담패설을 늘어놓거나 욕설과 협박 따위를 하는 일을 일컫는데, 언어폭력은 누적된 긴장감을 해소하기 위해 일상에서 부딪히는 유쾌하지 못한 감정을 파괴력이 강한 원색적인 언어로 강하게 표출할 때 이루어진다(김희정 · 박득, 2013). 언어폭력은 유쾌하지 못하여 불만족스러운 감정이 발생했을 때 순간적으로 심리적인 자제심을 발휘하지 못하고 즉각적으로 불쾌한 감정을 해소하기 위해 폭력적인 내용을 포함한 언어적 표현으로 내적 · 심리적 욕구를 표출하는 것이다. 이러한 폭력적 행사는 상대적으로 자신에게 힘이 모자라고 자신다 강하다고 느끼는 상대방에게 억압이나 분노 및 열등감 등을 해결하거나 감추기위한 방법으로 행사하게 되며, 자신의 욕구불만을 해결하기 위한 방편과 매체로 사용하는 것이다.

집단 내에서 동료들과 연대감을 확인하려고 하는 경우에는 가벼운 언어폭력을 통해 또래

관계를 원활히 맺을 수도 있으나, 듣는 사람의 입장에 따라 수치와 모욕을 느끼게 되어 이 또한 언어폭력으로 작용하기도 한다(이승연, 2010).

4) 가정폭력

가정폭력범죄의 처벌 등에 관한 특례법(이하 '가정폭력처벌법')에서 규정하는 가정폭력1)은 가정구성원 간의 신체적, 정신적, 재산상 피해를 수반하는 행위를 뜻하고, 이때 가정구성원은 ① 배우자(사실혼 포함) 또는 배우자였던 사람, ② 자기 또는 배우자의 직계존비속 관계에 있거나 있던 사람(사실상의 양친자 포함), ③ 계부모와 자녀의 관계, 적모와 서자 관계에 있거나 있었던 사람, ④ 동거하는 친족을 뜻한다.

가정폭력 범위 내에서 가정폭력처벌법의 처벌 대상이 되는 형법상 범죄는 같은 법 제 2조 제 3호에 의하여 가정구성원 사이에 형법상 개별 법조에 해당하는 범법행위가 존재하면 가정폭력범죄에 해당하는 것으로 간접적으로 규율하고 있다. 이에 따르면 형법상의 상해, 폭행, 유기, 학대, 체포, 감금, 협박, 명예훼손, 주거 · 신체 수색2), 강요, 공갈, 재물손괴 및 각 조항에 대한 가중처벌의 경우도 포함된다.

5) 사이버 폭력

사이버폭력은 정보통신망의 발달과 사용량 증가로 인해 새로이 등장한 사회적 문제로서 사이버 불링, 사이버 괴롭힘, 사이버 왕따와 함께 혼용되어 사용되고 있다. 사이버 폭력에 대한 국내외 연구들을 살펴보면, 정보통신기기를 사용해 사이버 공간에서 이루어지는 문제 행위들을 지칭하고 있었는데, 이와 같이 다양한 명칭이 쓰이고 있는 이유는 현상을 어떻게 바라보고 정의할 것인지에 대한 합의가 아직 이루어지지 않았기 때문이다
(두경희, 김계현, 정여주, 2012).

사이버 폭력은 사이버 불링, 사이버 왕따 등과 함께 쓰이며, 아직까지 정확한 명칭 정립은 이뤄지지 않았지만, 이메일, 문자메시지, 이미지전송, 웹페이지, 블로그, 채팅방, 토론방 등의 의사소통을 할 수 있는 가상의 공간에서 이루어지는 폭력(Bullying)으로 정의할 수 있고(Shariff & Gouin, 2005; Health Resources and Services Administration, 2006; Patchin & Hinduja, 2006; Willard, 2006), 하위요인을 언어폭력, 명예훼손, 플레이밍1), 음란물, 따돌림으로 분류할 수 있다(정여주, 김한별, 전아영, 2016). 이러한 사이버 폭력은 접촉 없이 온라인 공간에서 일어나기 때문에 가해자가 피해자의 반응을 볼 수 없고, 반복적으로 일어나기 쉽다는 점(최정현, 2019)을 바탕으로, 면대면 상황에

서와 달리, 조절되지 않은 폭력행위가 개인에게 더 큰 피해를 주는 위험성을 나타낸다. 사이버폭력 피해경험은 대중에게 노출된 연예인과 같은 특정 계층에게만 나타나는 것은 아니다. 2020년 10월 평소 우울증을 앓던 여대생이 에브리타임에 달린 댓글로 인해 자살을 한 사건(최은서, 2020)과 2017년 8월 여중생이 SNS게시물로 인해 투신을 한 사건(김준희, 2017) 등을 보면, 사이버 폭력이 연령 구분 없이 꾸준히 영향을 미쳤음을 보여준다.

교육현장에서는 코로나 사태가 장기화되면서 비대면 수업 등으로 인한 청소년들의 온라인 접속량이 증가할 뿐 아니라 사이버 공간에서 보내는 시간이 증가하게 되었다.

따라서 학교폭력의 공간도 자연스럽게 사이버 공간으로 많이 이동하게 되어 사이버학교폭력 가 · 피해가 급격하게 증가하였다. 지난 2021년 교육부가 발표한 '2020년 학교폭력 실태조사'를 보면 전년보다 신체 폭력(8.6→7.9%), 스토킹(8.7→6.7%), 금품 갈취(6.3→5.4%), 강요(4.9→4.4%) 등 물리적인 피해 비율은 감소하였다. 반면 사이버폭력 비율은 8.9%에서 12.3%로 늘어나 언어폭력(33.5%)과집단 따돌림(26.0%)에 이어 세 번째로 많았다(조선일보 2021.02.24.).

특히 방송통신위원회 '2020년 사이버폭력 실태조사 결과 보고서'에 따르면 저학년일수록 사이버폭력 빌생 빈도가 더 짖아 초등힉생의 사이버폭릭 피해 경힘 비율(25.8%)은 전년보다 7.0%포인트 증가하면서 중 · 고등학생(18.1% · 14.7%)보다 높아졌다.

특히 청소년 시기는 욕구 좌절에서는 긴장감이 또래친구에게 투영되면서 학교폭력 행위로 나타나기도 하는데, 청소년이 쉽게 접근하는 사이버공간이 학교폭력의 다른 놀이터가 되고 있다(김정애, 2021). 학교폭력 가해자가 사이버폭력 가해자가 되기도 하지만 학교폭력 피해경험이 있는 청소년이 사이버폭력의 가해자가 될 수 있다(김진영, 2020).

이는 학교폭력 피해경험으로 인한 좌절감과 분노의 감정을 느끼지만 가해자에게 직접 맞서기보다는 자신을 숨기고 상대방을 공격할 수 있는 사이버폭력으로 대응한다고 해석할 수 있다(김경은 · 최은희, 2012)

사이버폭력은 싫어하는 감정만 있으면 가능하기 때문에(Hinduja 외, 2008), 학교폭력 피해자가 사이버폭력 가해자가 될 가능성이 높다고 볼 수도 있다. 또한 사이버폭력 피해경험이 많을수록 사이버폭력 가해행동을 할 가능성이 증가한다는 연구도 제법 존재한다(김경은,2013; Vandebosch · Van Cleemput, 2009).

실기편

1. 묻지마 폭행범 예방 셀프 묻지마 폭행 대처 호신술

묻지마 폭행 예방 묻지마 폭행 대처 호신술은 무술을 오랜 기간동안 수련을 하는 행위보다는 일상생활에서 본인이 조금만 귀를 기울이고 생각만 한다면 자신을 지키는데 많은 도움을 받을 것이다.

특히 이번 실기는 읽어보기만 해도 위험한 상황을 대처할 수 있는 행동을 할 수 있도록 하자는데 그 의의를 두고 있다.

2. 묻지마 폭행 대처 묻지마 폭행 대처 호신술

1) 혼자 걸을 때 주의할 점

우리는 흔히 혼자 걸어가면서 음악을 듣거나 책을 보면서 걷는 시민들을 자주 목격을 할 수 있다. 과거에는 길거리에 장애물도 별로 없었고, 공사하는 장소도 별로 없었지만 최근에는 집중하고 걷지 않으면 장애물에 걸려 다친다든지 공사장에서 떨어지는 시설물과의 충격에 의한 상해를 피해가기가 그리 쉽지가 않다. 또한 좁은 길에 많은 사람들이 이동하면서 신체접촉이 빈번히 발생한다.

그런데 요즘 뉴스를 보면 마약을 한 사람이 무기(칼)를 휘두르면서 불특정 다수를 위협한다든지 실제로 많은 사람들에게 상해를 입혀 살인미수 행위로 인해 구속된 사람들이 많으며, 결국 피해자들의 가족에 큰 상처를 남긴다는 것이다.

(1) 보행시 핸드폰에 집중하다 사람과의 접촉 발생

사진	설명
	보행하면서 핸드폰을 만지면서 가다가 앞사람을 발견하지 못하고 충돌하는 경우가 빈번히 발생하고 있다. 외부에서 이동할 경우 핸드폰 사용을 자제하여 안전에 신경을 써야 한다.

(2) 차량과의 접촉

사진	설명
	도로에서 보행 시 책에 집중한다든지 헤드폰을 착용하고 이동시 주변에서 이동하는 차량과의 충돌이 빈번히 발생하고 있어 매우 위험하다. 헤드폰보다는 이어폰을 한쪽만 착용하여 자동차의 경적 소리를 들을 수 있도록 하여 안전에 신경 써야 한다.

(3) 장애물과의 접촉

도로주변이나 주택가를 보행하면서 독서에 집중한다거나 오락기를 사용하다 보면 건물외벽이나 시설물에 충돌하여 상해를 입을 수 있으니 보행시에는 안전을 위한 행동에 집중하여야 한다.

사진	설명
	오락을 하면서 보행을 하다가 건물 외벽에 부딪히는 장면
	독서를 하면서 실내에서 이동을 하다가 시설물에 부딪히는 경우 다칠 수 있으니 이동하면서 안전에 유의해야 한다.

2) 상대방이 주먹으로 공격할 때

범인은 이유를 묻지 않고 자신의 마음에 안드는 사람을 마구잡이로 공격을 하고 있다. 나는 여자니까 약해보이기 때문에 괜찮겠지, 나는 어리니까 아이들은 괴롭히지 않을 거야? 나는 노인이고 힘이 없기 때문에 예의상 폭행은 안하겠지 라고 하는 예측은 거의 다 빗나가고 있다. 언제 어디서 누구든 경계를 하지 않으면 피해를 볼 수 있다는 생각을 가지고 살아가야 하는 시대에 살고 있는 것이다.

이번 장에서는 일면식도 없는 가해자가 주먹으로 공격해 온다는 어떻게 하는 것이 나를 보호하는 것일까? 하는 측면에서 그 대책에 대하여 이야기 하고자 한다.

(1) 주먹으로 공격해 올 경우 피하는 방법

범죄자가 주먹으로 공격해 올 경우 가만히 있지 말고 피해야 한다. 첫 번째는 본인 팔을 이용해 가해자의 주먹을 막는게 중요하다. 상대방의 주먹에 충격을 받게되면 엄청난 상해가 올 수도 있고, 사망에 이를 수도 있다.

사진	설명
	상대방과 마주선 상태에서
	상대방의 주먹이 들어오면 왼손으로 상대방의 주먹을 막으면서 주먹의 진행방향으로 체중을 이동시켜 주먹의 힘을 분산시켜야 한다.

두 번째는 자세를 낮추면서 피하면 된다. 상대방의 동작이 클수록 유리한 방법의 하나이다.

사진	설명
	상대방과 마주선 상태에서
	상대방의 주먹이 들어오면 왼손으로 상대방의 주먹을 막으면서 주먹의 진행방향으로 체중을 이동시켜 주먹의 힘을 분산시켜야 한다.

세 번째는 본인 쪽으로 빠지면서 1보 후퇴하면서 피하면 된다. 이는 상대방의 팔의 길이가 있기 때문에 직접적인 충격을 피함으로써 위험한 상황을 넘길 수 있다.

(2) 상대방이 주먹으로 공격해 올 경우 대응하는 방법

상대방이 주먹으로 공격해 올 경우 대응하는 방법은 상대의 공격을 막으면서 동시에 공격하는 방법이다. 상대방의 공격을 피했다 하더라도 2차적인 가해를 예상해야한다. 그렇기 때문에 상대방의 주먹을 막으면서 동시에 본인의 주먹으로 동시에 반격을 해야 상대방을 무기력하게 만들 수 있다.

상대방의 주먹을 막을 때에는 동시에 반대손으로 상대의 복부를 가격해야 한다.

사진	설명
	상대방이 주먹으로 공격해오면 한손으로 막고 다른 손으로 동시에 복부를 공격한다.
	상대방과 마주본 상황에서

사진	설명
	주먹으로 공격해 올 경우 자세를 낮추면서 상대의 주먹을 아래에서 위로 올려 막으며 오른쪽 팔꿈치로 상대의 옆구리를 공격한다.

상대방이 주먹으로 공격해 올 경우 자세를 낮추면서 피할 경우는 오른쪽 팔을 접어 팔꿈치로 상대의 옆구리를 가격하도록 한다.

사진	설명
 	상대방의 주먹을 피하면서 자세를 낮추어 전진하면서 상대의 옆구리를 공격한다.

3) 가해자에게 갑자기 옷을 잡혔을 때 제압하기

가해자가 본인의 옷을 잡아오면 본인의 옷이 잡히기 전에 조치를 취하는 것이 호신하기에 유리하다.

첫 번째로 소매가 잡혔을 경우에는 잡힌 손을 회전시켜 원심력으로 잡힌 손을 이탈시키면 된다.

사진	설명
	상대방이 옷 소매를 잡아오면
	잡힌 손을 시계방향으로 높게 들어

사진	설명
	아래로 힘차게 회전시켜
	잡힌 팔을 위쪽으로 들어 손을 뺀다.

둘째로 상대방이 어깨를 잡아오면 한손으로 상대의 손을 눌러 움직이지 못하고 하고, 다른 팔 팔꿈치를 접어서 상대의 팔을 누르면 된다.

사진	설명
	상대방과 마주선 상태에서

사진	설명
	상대방이 오른쪽 어깨를 잡아오면
	왼손으로 상대의 손을 고정한 후
	왼쪽으로 90도 비틀어 골린 후

사진	설명
	주관절로 1차 누른 후
	다시 한 번 강하게 상대의 주관절을 눌러 제압한다.

셋째로 멱살 잡혔을 때 제압하는 방법은 양손으로 상대의 손과 옷을 같이 잡은 채로 제자리에서 자신을 축으로 한바퀴 회전을 한다.

사진	설명
	상대방이 멱살을 잡아오면

사진	설명
	왼손과 오른손으로 상대의 손목을 동시에 잡아
	양쪽으로 비틀면서 1보전진하면서 압박을 가한다.

넷째로 허리띠 잡혔을 때 제압하는 방법은 허리띠를 잡은 상대의 팔 중 중팔을 한손으로 내리쳐서 이탈시킨다.

사진	설명
	상대방이 허리띠를 잡아오면

사진	설명
	두손으로 상대의 손목을 바로 잡은 후
	1보 전진하면서 상대의 손목을 강하게 압박하여 제압한다.

다섯째로 앞에서 강제로 껴안았을 때 제압하는 방법은 양손으로 상대의 옆구리를 가격하여 빠져나온다.

사진	설명
	상대방과 마주본 상황에서

사진	설명
	양손으로 상반신을 껴안으면1보 뒤로 후퇴하면서
	양손으로 상대의 옆구리에 손가락을 댄 후
	강하게 상대의 옆구리를 가격한다.

4) 상대방이 주먹으로 공격시 맨손으로 방어하기

상대방이 주먹으로 공격해올 경우 우선 피하든지 아니면 상대의 주먹을 1차로 막으면서 동시에 공격을 해야 한다.

(1) 얼굴 공격시 방어하기

사진	설명
	상대방이 주먹으로 얼굴을 공격해 오면
	한손으로 상대의 팔을 막으면서

사진	설명
	목줄기에 있는 경동맥을 손 날로 공략한다.

(2) 복부 공격시 제압하기

사진	설명
	상대방이 주먹으로 복부를 공격해오면
	한손으로 상대의 팔을 옆으로 밀어 놓고

사진	설명
	다른 손으로 상대의 안면부위를 공략한다.

5) 주먹으로 공격시 제압하기

상대방이 주먹으로 공격해 오면 우선 상대의 주먹을 한손으로 막음과 동시에 다른손으로 동시에 상대방의 급소를 찾아 공격해야 한다.

(1) 손으로 제압하기

사진	설명
	상대방과 마주선 상황에서

사진	설명
	주먹으로 공격해오면 한손으로 상대의 주먹을 막고 다른 손으로 상대의 급소를 공격한다.

(2) 소지품으로 제압하기

사진	설명
	상대방과 마주본 상황에서
	상대방이 주먹으로 공격해오면 한손으로 상대의 주먹을 막고

사진	설명
	다른손으로 가지고 있던 열쇠나 볼펜같은 것을 사용하여 상대의 급소를 공략하여 제압한다.
	약한 부분 어디에나 가능하다.

6) 칼로 공격시 방어하기

상대방이 칼로 공격해 올 경우는 앞으로 나가지 말고 뒤로 빠지면서 방어를 해야 안전하다.

사진	설명
	상대방이 칼을 가지고 선 상황에서
	칼로 복부를 공격해 오면
	두 손으로 교차시켜 1보 뒤로 빠지면서 아래로 칼을 든 손을 막은 후

사진	설명
	한손으로 상대의 손목을 시계반대방향으로 돌려 비틀은 후
	상대의 손목을 제압하여 넘어뜨린다.

(1) 책으로 방어하기

상대방이 칼로 공격해 올 경우 가지고 있는 소지품으로 방어를 해야한다.

사진	설명
	상대방이 칼을들고 서서 마주본 상황에서
	칼로 복부또는 얼굴쪽을 공격해 오면 가지고 있던 소지품(책)으로 상대방의 무기를 가격한후
	빠르게 상대방의 얼굴을 공격하여 제압한다.

사진	설명
	상대방이 일어나서 다시 무기를 잡지 못하도록 완전 제압해야 한다.

(2) 허리띠나 끈으로 방어하기

상대방이 주먹 또는 무기로 공격해 오면 끈이나 허리띠를 활용하여 제압할 수도 있다.

사진	설명
	상대방이 주먹으로 공격해오면

사진	설명
	가지고 있던 끈이나 또는 허리띠를 활용하여 상대의 손목을 막음과 동시에 상대의 손목에 끈을 감고
	끈이 풀리지 않도록 뒤쪽으로 이동하여
	상대의 팔을 접어

사진	설명
	등에 댄 후 한손으로 상대의 뒷덜미를 당기면서
	다리로 오금을 누르고
	뒤로 주저앉힌 후 제압한다.

7) 주먹으로 공격 시 응용 방어하기

사진	설명
	상대방과 마주선 상황에서
	상대방이 주먹으로 공격해 오면
	한손으로 막은 후 다른 한손으로 상대방의 주관절을 내리친 후

사진	설명
	다른 한손을 밖에서 안으로 감아 본인의 왼손 팔뚝에 대고 고정한 후
	상대방을 넘어뜨려 제압한다.

(1) 칼로 공격시 행동으로 방어하기

상대방이 칼을 들고 공격하여 할 경우는 무조건 뒤로 누워서 발을 들어 자전거 타듯이 저으면서 상대가 접근하지 못하도록 한다.

사진	설명
	상대방을 칼을 들고 다가오면 무조건 뒤로 눕는다.
	누우면서 다리를 뻗으면 상대방의 복부에 닿게 되고 상대방이 겨누고 있는 칼과의 거리가 생기게 된다.
	상대방이 힘을 주어 밀고 들어오더라도 다리를 차면서 밀고

사진	설명
	상대방의 급소를 공략하도록 한다.
	상대의 급소가 공략되면 빨리 일어나서 자리를 이탈한 후 다른 사람에게 소리를 친다.

(2) 칼로 공격 시 가방으로 방어하기

상대방이 무기로 공격해오면 메고있던 가방을 활용하여 방어를 하도록 한다.

사진	설명
	보행하고 있는데 상대방이 칼을 들이대면
	가방을 한손으로 잡아 어깨에서 이탈을 시킨 후
	상대방의 칼 쪽으로 던지면서

사진	설명
	칼을 공략하도록 한다.
	이때 칼을 공략한 후 다시 가방으로 상대의 머리부분을 공략하여
	상대방이 가방에 맞도록 한 후

사진	설명
	상대를 제압한다.

3. 묻지마 폭행의 예방 호신술 주차별 강의계획서

묻지마 폭행을 예방하거나 대항하기 위해서는 12주 이상의 훈련이 필요하다. 물론 운동신경이 뛰어난 사람을 한번만 보아도 쉽게 적용할 수도 있다. 하지만 다양한 상황을 예측하여 안전을 보장받기 위해서는 반복적이면서 자신감 있는 호신술을 숙련하는 것이 매우 효과적이라고 할 수 있다.

주차별 학습내용			
주차	관련하위역량 (Keyword/능력단위요소)	수업내용	비고
1	대면 수업 (o.t) 수업방향 성적부여방법	■ 손빼기를 익힐 수 있다. ■ 손목수를 익힐 수 있다. [기술] ■ 묻지마 폭행 대처 호신술 종류에 따른 적응력을 기를 수 있다. ■ 묻지마 폭행 대처 호신술을 통한 인간관계회복 능력을 기른다. ■ 생활 묻지마 폭행 대처 호신술을 상대방에게 지도할 수 있는 능력을 기른다. [태도] ■ 묻지마 폭행 대처 호신술을 통해 안전의 중요성을 이해한다. ■ 묻지마 폭행 대처 호신술 능력을 향상 시킬 수 있는 개념을 이해한다.	대면 수업을 통한 묻지마 폭행 대처 호신술 습득사진으로 설명하고 실제로 동작을 익힐 수 있도록 직접 제작한 동영상 탑재
2	1. 묻지마 폭행 대처 호신술 습득을 위한 기본자세 이해하기 2. 묻지마 폭행 대처 호신술 강화를 위한 전환법	1.1 묻지마 폭행 대처 호신술을 위한 신체방어활동의 종류와 실행방법을 설명할 수 있다. [지식] ■ 생활묻지마 폭행 대처 호신술의 개념 및 중요성 이해 ■ 묻지마 폭행 대처 호신술 수련방법 이해 ■ 손빼기를 익힐 수 있다. ■ 손목수를 익힐 수 있다. [기술] ■ 묻지마 폭행 대처 호신술 종류에	대면 수업을 통한 묻지마 폭행 대처 호신술 습득사진으로 설명하고 실제로 동작을 익힐 수 있도록 직접 제작한 동영상 탑재

주차별 학습내용			
주차	관련하위역량 (Keyword/능력단위요소)	수업내용	비고
		따른 적응력을 기를 수 있다. ■ 묻지마 폭행 대처 호신술을 통한 인간관계회복 능력을 기른다. ■ 생활 묻지마 폭행 대처 호신술을 상대방에게 지도할 수 있는 능력을 기른다. [태도] ■ 묻지마 폭행 대처 호신술을 통해 안전의 중요성을 이해한다. ■ 묻지마 폭행 대처 호신술 능력을 향상 시킬 수 있는 기술을 상호 교환한다.	
3	1. 인체강화를 위한 단전호흡법 이해하기 2. 묻지마 폭행 대처 호신술 1-기초 손빼기의 이해 및 실습	1.1 손빼기를 중심으로 직접 수련효과에 대해 설명할 수 있다. [지식] ■ 생활묻지마 폭행 대처 호신술의 개념 및 중요성 이해 ■ 묻지마 폭행 대처 호신술 수련방법 이해 ■ 손빼기를 익힐 수 있다. ■ 손목수를 익힐 수 있다. [기술] ■ 묻지마 폭행 대처 호신술 종류에 따른 적응력을 기를 수 있다. ■ 묻지마 폭행 대처 호신술을 통한 인간관계회복 능력을 기른다. ■ 생활 묻지마 폭행 대처 호신술을 상대방에게 지도할 수 있는 능력을 기른다. [태도] ■ 묻지마 폭행 대처 호신술을 통해 안전의 중요성을 이해한다. ■ 묻지마 폭행 대처 호신술 능력을 향상 시킬 수 있는 기술을 상호 교환한다.	대면 수업을 통한 묻지마 폭행 대처 호신술 습득사진으로 설명하고 실제로 동작을 익힐 수 있도록 직접 제작한 동영상 탑재

주차별 학습내용			
주차	관련하위역량 (Keyword/능력단위요소)	수업내용	비고
4	1. 묻지마 폭행 대처 호신술 2- 손목꺾기 1~5수 실습 따라하기 (비대면 수업 실시)	1.1 묻지마 폭행 대처 호신술 실습 중 주의사항을 이해할 수 있다. [지식] ■ 생활묻지마 폭행 대처 호신술의 개념 및 중요성 이해 ■ 묻지마 폭행 대처 호신술 수련방법 이해 ■ 손빼기를 익힐 수 있다. ■ 손목수를 익힐 수 있다. [기술] ■ 묻지마 폭행 대처 호신술 종류에 따른 적응력을 기를 수 있다. ■ 묻지마 폭행 대처 호신술을 통한 인간관계회복 능력을 기른다. ■ 생활 묻지마 폭행 대처 호신술을 상대방에게 지도할 수 있는 능력을 기른다. [태도] ■ 묻지마 폭행 대처 호신술을 통해 안전의 중요성을 이해한다. ■ 묻지마 폭행 대처 호신술 능력을 향상 시킬 수 있는 기술을 상호 교환한다.	대면 수업을 통한 묻지마 폭행 대처 호신술 습득사진으로 설명하고 실제로 동작을 익힐 수 있도록 직접 제작한 동영상 탑재
5	1. 묻지마 폭행 대처 호신술 2- 손목꺾기 6~11수 실습 따라하기	1.1 묻지마 폭행 대처 호신술에 대한 개념을 이해하고 설명할 수 있다. 1.2 묻지마 폭행 대처 호신술을 위한 신체방어활동의 종류와 실행방법을 설명할 수 있다. 1.3 손빼기와 손목수를 중심으로 직접 수련효과에 대해 설명할 수 있다. 1.4 묻지마 폭행 대처 호신술 실습 중 주의사항을 이해할 수 있다. [지식] ■ 생활묻지마 폭행 대처 호신술의 개	대면 수업을 통한 묻지마 폭행 대처 호신술 습득사진으로 설명하고 실제로 동작을 익힐 수 있도록 직접 제작한 동영상 탑재

<table>
<tr><th colspan="4">주차별 학습내용</th></tr>
<tr><th>주차</th><th>관련하위역량
(Keyword/능력단위요소)</th><th>수업내용</th><th>비고</th></tr>
<tr><td>6</td><td></td><td>념 및 중요성 이해
▪ 묻지마 폭행 대처 호신술 수련방법 이해
▪ 손빼기를 익힐 수 있다.
▪ 손목수를 익힐 수 있다.

[기술]
▪ 묻지마 폭행 대처 호신술 종류에 따른 적응력을 기를 수 있다.
▪ 묻지마 폭행 대처 호신술을 통한 인간관계회복 능력을 기른다.
▪ 생활 묻지마 폭행 대처 호신술을 상대방에게 지도할 수 있는 능력을 기른다.

[태도]
▪ 묻지마 폭행 대처 호신술을 통해 안전의 중요성을 이해한다.
▪ 묻지마 폭행 대처 호신술 능력을 향상 시킬 수 있는 기술을 상호 교환한다.</td><td></td></tr>
<tr><td>6</td><td>1. 옷 잡혔을 때 활용 호신술 1~5수</td><td>1.1 의복수 능력을 향상시킨다.

[지식]
▪ 옷잡았을 때 방어법 원리를 이해한다.
▪ 손 술기 수련 시 활용되는 기술을 이해한다.
▪ 손 술기를 적절하게 혼용하여 숙련하는 방법을 익힌다.

[기술]
▪ 손 기술 시 상대방 제압법을 이해한다.
▪ 손 기술 시 적용이 어려운 술기를 반복 숙달시킨다.
▪ 묻지마 폭행 대처 호신술 단계에 따라 수련 방법이 달라져야 함을 이해한다.</td><td>대면 수업을 통한 묻지마 폭행 대처 호신술 습득사진으로 설명하고 실제로 동작을 익힐 수 있도록 직접 제작한 동영상 탑재</td></tr>
</table>

주차별 학습내용			
주차	관련하위역량 (Keyword/능력단위요소)	수업내용	비고
		[태도] ■ 묻지마 폭행 대처 호신술 수련 시 상해가 일어나지 않도록 주의한다. ■ 항상 1:1로 상대와 마주하여 연습을 한다.	
7	1. 옷 잡혔을 때 활용 호신술 6~10수	1.1 의복수 원리를 이해한다. [지식] ■ 손 술기 수련 시 원리를 이해한다. ■ 손 술기 수련 시 활용되는 기술을 이해한다. ■ 손 술기를 적절하게 혼용하여 숙련하는 방법을 익힌다. [기술] ■ 손 기술 시 상대방 제압법을 이해한다. ■ 손 기술 시 적용이 어려운 술기를 반복 숙달시킨다. ■ 묻지마 폭행 대처 호신술 단계에 따라 수련 방법이 달라져야 함을 이해한다. [태도] ■ 묻지마 폭행 대처 호신술 수련 시 상해가 일어나지 않도록 주의한다. ■ 항상 1:1로 상대와 마주하여 연습을 한다.	대면 수업을 통한 묻지마 폭행 대처 호신술 습득사진으로 설명하고 실제로 동작을 익힐 수 있도록 직접 제작한 동영상 탑재
8	직무능력평가1 실시 비대면일경우-레포트로 대체 대면일경우-전환법, 단전호흡, 손빼기, 손목수 실기시험	1. 직무능력 평기1 비대면시-묻지미 폭행 대처 호신술의 필요성, 묻지마 폭행 대처 호신술과 인성의 관계, 본인이 가장 잘하는 묻지마 폭행 대처 호신술 1개 동작 사진찍어서 설명 후 제출 2. 직무능력평가1 대면시-전환법1개, 단전호흡법1개, 손빼기-4개, 손목꺾기-4개	대면 수업을 통한 묻지마 폭행 대처 호신술 습득사진으로 설명하고 실제로 동작을 익힐 수 있도록 직접 제작한 동영상 탑재

주차별 학습내용			
주차	관련하위역량 (Keyword/능력단위요소)	수업내용	비고
		[지식] ■ 손 술기 수련 시 원리를 이해한다. ■ 손 술기 수련 시 활용되는 기술을 이해한다. ■ 손 술기를 적절하게 혼용하여 숙련하는 방법을 익힌다. [기술] ■ 손 기술 시 상대방 제압법을 이해한다. ■ 손 기술 시 적용이 어려운 술기를 반복 숙달시킨다. ■ 묻지마 폭행 대처 호신술 단계에 따라 수련 방법이 달라져야 함을 이해한다. [태도] ■ 묻지마 폭행 대처 호신술 수련 시 상해가 일어나지 않도록 주의한다. ■ 항상 1:1로 상대와 마주하여 연습을 한다.	
9	1. 주먹으로 공격시 방어법 1~5수	1.1 주먹으로 공격시 방어 방법을 방향에 따라 적용하여 실시한다. [지식] ■ 손 술기 수련 시 원리를 이해한다. ■ 손 술기 수련 시 활용되는 기술을 이해한다. ■ 손 술기를 적절하게 혼용하여 숙련하는 방법을 익힌다. [기술] ■ 손 기술 시 상대방 제압법을 이해한다. ■ 손 기술 시 적용이 어려운 술기를 반복 숙달시킨다. ■ 묻지마 폭행 대처 호신술 단계에 따라 수련 방법이 달라져야 함을 이해한다.	대면 수업을 통한 묻지마 폭행 대처 호신술 습득사진으로 설명하고 실제로 동작을 익힐 수 있도록 직접 제작한 동영상 탑재

주차별 학습내용			
주차	관련하위역량 (Keyword/능력단위요소)	수업내용	비고
		[태도] ■ 묻지마 폭행 대처 호신술 수련 시 상해가 일어나지 않도록 주의한다. ■ 항상 1:1로 상대와 마주하여 연습을 한다.	
10	1. 주먹으로 공격시 방어법 6~11수	1. 주먹으로 공격시 방어 능력을 향상 시킨다. 2. 전환법의 원리를 이해한다. [지식] ■ 손 술기 수련 시 원리를 이해한다. ■ 손 술기 수련 시 활용되는 기술을 이해한다.진으로 설명하고 ■ 손 술기를 적절하게 혼용하여 숙련하는 방법을 익힌다. [기술] ■ 손 기술 시 상대방 제압법을 이해한다. ■ 손 기술 시 적용이 어려운 술기를 반복 숙달시킨	대면 수업을 통한 묻지마 폭행 대처 호신술 습득사진으로 설명하고 실제로 동작을 익힐 수 있도록 직접 제작한 동영상 탑재
11	1. 엇손잡혔을 경우 방어법	1. 엇손 잡혔을 경우 방어 방법을 통해 자신감을 향상시킨다. [지식] ■ 악수 시 경계방법에 대하여 이해한다. [기술] ■ 엇손잡기 방어법 중 상헤예방법을 이해 한다. ■ 엇손잡기 습득하기 위한 기초체력 향상 방법을 이해한다. ■ 묻지마 폭행 대처 호신술 수련 목적에 따라 수련 방법이 달라져야 함을 이해한다. [태도] ■ 엇손삽기 석용시 상해가 일어나지	대면 수업을 통힌 묻지마 폭행 대처 호신술 습득사진으로 설명하고 실제로 동작을 익힐 수 있도록 직접 제작한 동영상 탑재

주차별 학습내용			
주차	관련하위역량 (Keyword/능력단위요소)	수업내용	비고
		않도록 주의한다. ▪ 반드시 1:1로 대면하여 연습하도록 한다.	
12	1. 양손 잡혔을 경우 방어법	1. 양손 잡혔을 경우 방어를 통해 자신을 보호하도록 한다. [지식] ▪ 양손활용 호신법의 사용법을 이해한다. ▪ 양손으로 활용되는 기술을 이해한다. ▪ 양손묻지마 폭행 대처 호신술중 앞, 뒤수를 적절하게 혼용하여 수련하는 방법을 익힌다. [기술] ▪ 양손 방어법 중 상해예방법을 이해한다. ▪ 양손활용 기술을 습득하기 위한 기초체력 향상 방법을 이해한다. ▪ 묻지마 폭행 대처 호신술 수련 목적에 따라 수련 방법이다. ▪ 묻지마 폭행 대처 호신술 단계에 따라 수련 방법이 달라져야 함을 이해한다. [태도] ▪ 묻지마 폭행 대처 호신술 수련 시 상해가 일어나지 않도록 주의한다. ▪ 항상 1:1로 상대와 마주하여 연습을 한다.달라져야 함을 이해한다. [태도] ▪ 양손 활용시 상해가 일어나지 않도록 주의한다. ▪ 반드시 1:1로 대면하여 연습하도록 한다.	대면 수업을 통한 묻지마 폭행 대처 호신술 습득사진으로 설명하고 실제로 동작을 익힐 수 있도록 직접 제작한 동영상 탑재
13	3. 자기방어기술 익히기 2 (무기술)-단검으로 공격 시	1.1 무기술 방어법을 다른 사람에게 지도해 줄 수 있다.	대면 수업을 통한 묻지마 폭행 대처 호신술 습득사진으로 설명하고 실제로 동작을 익힐 수 있도록

주차별 학습내용			
주차	관련하위역량 (Keyword/능력단위요소)	수업내용	비고
		[지식] ■ 무기술 수련 시 활용도구(가검)의 사용법을 이해한다. ■ 무기술 수련 시 활용되는 기술을 이해한다. ■ 무기술 수련 시 적절하게 묻지마 폭행 대처 호신술과 혼용하여 수련하는 방법을 익힌다. [기술] ■ 무기술 방어법 중 상해예방법을 이해 한다. ■ 무기술을 습득하기 위한 기초체력 향상 방법을 이해한다. ■ 묻지마 폭행 대처 호신술 수련 목적에 따라 수련 방법이 달라져야 함을 이해한다. [태도] ■ 무기 사용 시 상해가 일어나지 않도록 주의한다. ■ 반드시 1:1로 대면하여 연습하도록 한다.	직접 제작한 동영상 탑재
14	3. 자기방어기술 익히기 2 (무기술)-몽둥이로 공격시	1.1 무기술 방어 방법을 통해 자신감을 향상시킨다. 1.2 무기술 방어를 통해 자신을 보호하도록 한다. [지식] ■ 무기술 수련 시 활용도구(가검)의 사용법을 이해한다. ■ 무기술 수련 시 활용되는 기술을 이해한다. ■ 무기술 수련 시 적절하게 묻지마 폭행 대처 호신술과 혼용하여 수련하는 방법을 익힌다. [기술] ■ 무기술 방어법 중 상해예방법을	대면 수업을 통한 묻지마 폭행 대처 호신술 습득사진으로 설명하고 실제로 동작을 익힐 수 있도록 직접 제작한 동영상 탑재

주차별 학습내용			
주차	관련하위역량 (Keyword/능력단위요소)	수업내용	비고
		이해한다. ■ 무기술을 습득하기 위한 기초체력 향상 방법을 이해한다. ■ 묻지마 폭행 대처 호신술 수련 목적에 따라 수련 방법이 달라져야 함을 이해한다. [태도] ■ 무기 사용 시 상해가 일어나지 않도록 주의한다. ■ 반드시 1:1로 대면하여 연습하도록 한다.	
15	직무능력평가 2 (기말고사)실시	1. 직무능력 평가1 비대면시-주먹막기 묻지마 폭행 대처 호신술 [지식] ■ 무기술 수련 시 활용되는 기술을 이해한다. ■ 무기술 수련 시 적절하게 묻지마 폭행 대처 호신술과 혼용하여 수련하는 방법을 익힌다. [기술] ■ 무기술 방어법 중 상해예방법을 이해 한다. ■ 무기술을 습득하기 위한 기초체력 향상 방법을 이해한다. ■ 묻지마 폭행 대처 호신술 수련 목적에 따라 수련 방법이 달라져야 함을 이해한다. [태도] ■ 무기 사용 시 상해가 일어나지 않도록 주의한다. ■ 반드시 1:1로 대면하여 연습하도록 한다.	대면 수업을 통한 묻지마 폭행 대처 호신술 습득사진으로 설명하고 실제로 동작을 익힐 수 있도록 직접 제작한 동영상 탑재
16	향상평가 실시	하위 10% 실시(직무능력평가 2에서 부족한 부분 재평가)	

Ⅱ

사격술

1. 사격의 역사
2. 사격이란?
3. 사격 종목의 특징
4. 공기권총
5. 코칭머신(Scatt system) 특성
6. 사격
7. 공기소총
8. 50m 소총 3자세
9. 사격 주차별 강의계획서

Ⅱ. 사격술

1. 사격의 역사

최초 총의 발명은 서기 1354년 독일 승려"베르트롤드, 슈바르츠(BertroldᇢSchwarz)"가 최초로 대포 형식을 발명하면서부터 시작되었고 개인 화기인 소총의 형태는 서기 1500년경 독일을 비롯한 유럽지역에서 화승총의 형태로부터 시작되었다.

사격(射擊)은 총이나 포 등의 화기를 다루는 기술로서, 탄환을 목표물에 정확히 명중시키는 기술이다.

사격의 역사는 인류의 '명중욕망'을 충족시키는 본능적 스포츠이다. 인간은 이를 위해 활을 발명하여 사용하였으나 화약이 발명되면서 총포의 발달이 본격적으로 시작되었다.

사격은 원시시대 수렵을 위한 단계에서 기원을 찾을 수 있으며 광의의 의미로 "한자리에 있으면서 한 곳의 목표를 겨누어 맞추는 투척행위다"라 할 수 있다.(우철호,1999) 인류는 종족보존과 세력 확장을 위해 사격술을 발전시켜 왔으며, 오늘날 동서를 막론하고 군사적 목적 때문에 시작되었다고 볼 수 있겠으나 사격은 오늘날 중요한 스포츠로의 하나로서 대다수의 국가가 국위선양을 위해 놀라운 발전을 하고 있으며 범세계적 스포츠로 군림하고 있다.

사격의 사전적 의미는 반드시 총포에 한정하지 않는다. 다시 말해 활이나 투석기 등의 화기가 발명되기 이전에도 사격은 존재했다고 할 수 있다. 사격은"한 자리에 있으면서 먼 곳의 것을 겨누어 맞추는 투척(投擲)행위"(넓은 의미에서의 사격)에 그 기원을 두고 있다.

(1) 화약의 발명화약은 중국과 인도에서 아주 오래전부터 사용되었으며 제조법이 서양으로 전해졌다. 기록에 남아있는 가장 오래된 화약제조는 275년 아프리카누스의 질산칼륨과 황의 혼합물에서 찾을 수 있다. 1249년 로저 베이컨이 흑색화약을 발명하면서 널리 쓰이게 되었다(김종성, 1980).

(2) 총포의 발명1354년 독일의 승려 Berthold Schwarz가 흑색화약을 사용하는 대포형식의총포를 최초로 발명하였고, 1500년경 독일을 비롯한 유럽지역에서는 화승총의 형태로 개인화기인 소총을 개발하였다. 이후 화승총의 단점을 보완한 차륜식 방아틀총(wheel lock), 수석총(flint lock), 충격식총(cap lock)을 발명하여 사용하였다

2. 사격이란?

스포츠로서의 사격은 총의 발명과 그 역사를 같이 한다. 그러나 오늘날 올림픽 종목으로서의 스포츠 사격 역사는 1896년 제1회 아테네 올림픽에서 정식 종목으로 채택되고 1907년 국제사격연맹(ISSF, International Shooting SportFederation)이 설립된 이후부터라 할수 있다. 현재, 사격이 스포츠로 널리 인정되고 있으나 총이라는 장비를 사용하는 이상 전투기술 내지는 사냥을 위한 기술로서의 사격과 관련되어 생각되는 경우가 많다. 제2차 세계 대전 이전에는 군인이 올림픽에 참가하기도 했으며, 사람이나 동물의 형체를 가진 표적을 사용한 적도 있다고 한다. 스포츠 사격은 1 · 2차 세계 대전이라는 참상을 겪은 이후 전투 훈련을 위한 사격과 분리되어 오직 순수한 목적의 스포츠로 발전했다. 우리나라 스포츠는 1950년 이후부터 시작되었으나 스포츠가 아닌 사격로서의 역사는 총포가 도입된 16세기 말부터이다. 문헌에 기록된 사격경기의 시초는 조선시대 말 육군연성학교에서 비롯되었다. 그러나 오늘날과 같은 규모와 규칙 속에서 치른 사격이 아닌, 단순히 장총으로 서서쏘기, 무릎쏘기, 엎드려쏘기 등으로 명중률의 우열을 가리는 정도였던 우리나라가 정식 스포츠 사격 국가로 발돋움하게 된 것은 광복 이후인 1955년 2월 대한사격협회(대한사격연맹의 전신)가 창설된 이후부터라 할 수 있다. 1978년에는 세계사격선수권대회를 개최했는데 이는 우리나라가 유치한 최초의 국제대회이기도 하다. 대회 개최를 위해 건설한 태릉사격장은 2008년 베이징 올림픽 이후 철거한 후 문화재청에 반환했다. 이는 태릉 능제 복원을 권고한 유네스코의 의견을 적극적으로 반영하였기 때문이다. 올림픽 경기유형사격은 1896년 최초의 근대올림픽인 아테네 대회부터 정식종목으로 채택된 올림픽 정통 종목이다. 그러나 1904년 세인트루이스 올림픽과 1928년 암스테르담 올림픽에서 제외되는 등 수난을 겪기도 했다. 여자부 경기는 1984년 로스앤젤레스 올림픽에 처음 등장했다. 사격의 표적은 매우 작은데 비해 관중들의 관심이 대단한 종목이다. 발사 전의 긴장감과 한 발 한 발의 결과가 주는 긴박하게 요동치는 순위 등은 사격만이 갖고 있는 매력일 것이다. 올림픽 사격은 총 3종목으로 나뉘는데, 고정된 표적을 향해 사격하는 소총과 권총 움직이는 표적을 맞히는 산탄총이 그것이다. 50m 소총 3자세 종목은 슬사, 복사, 입사 자세로 총 40발을 쏘는 종목으로, 본선에는 2시간 45분의 시간제한이 있다. 본선에서 가려진 8명의 결승 진출자가 결승에서 1시간 동안 메달 쟁탈전을 벌이게 되는데, 엄청난 압박감 속에 경기가 치러지기 때문에 경기 후 선수들의 체중이 최대 2kg까지 빠진다고 한다. 소총과 권총 종목은 동심원이 그려진 표적에 사격하는 경기로 중심에 가까울수록 높은 점수를 받는다, 두 종목에는 총기 종류 4가지와 3가지 거리에 따라 50m 소총, I0m

공기 소총 25m 속사 권총, 10m 공기 권총으로 구분하여 경기를 실시한다. 시격 자세는 3가지로 나뉘며, 한쪽 무릎을 꿇고 총을 다른 쪽 무릎에 기대 사격하는 슬사, 엎드려 사격하는 복사, 서서 사격하는 입사가 있는데, 어떤 종목에는 3가지 자세가 모두 포함된다. 산탄총 종목은 흔히 클레이라고 불리는 날아가는 표적을 맞히는 경기이다, 산탄총에는 두 가지 종목이 있는데 하나는 ~~~ 사격 종목의 기본이 되는 것은 조준, 격발, 추적의 세 가지 단계로 이루어진다. 또한 사격은 완전한 정지 상태에서 수행되며, 발사 순간에는 호흡을 멈추고 방아쇠를 당기는 손가락만을 움직이는 정적인 스포츠인 동시에 최소한의 움직임과 휴식, 고도의 집중을 필요로 하는 경기이다 (엄기진 등, 1985). 사격 선수들은 높은 점수를 획득하기 위해서 사격을 할 때 필요한 모든 부분들을 훈련하고 실전에서 정확히 수행하도록 노력한다. 즉, 심리적 상태를 비롯해 주의력, 호흡의 양 조절, 집중력, 표적을 겨냥을 하여 격발할 때 가장 필요한 부분은 총구의 안정성이 중요하다고 하였다 (Zatsiorsky & Aktov, 1990; Konttinen et al., 1998; Mononen et al., 2007). 스포츠 운동선수들에게 있어서 근력, 지구력, 순발력, 유연성 등 기초체력 향상 및 유지는 필수적이며, 이를 바탕으로 특정 운동기술을 습득하여 좋은 경기 결과를 얻기 위해 반복적인 동작을 계속하여야 한다. (변호광 등, 1991).

1). 사격경기는 기록된 최초의 사격시합은 1477년 독일 바이에른의 아이히슈테트에서 열렸으며, 사수들은 화승총으로 200m 거리의 표적을 맞추는 기량을 겨루었다. 1504년 스위스 취리히 사격대회 그림이 발견되었고, 1551년 독일에서 행한 사격대회의 기록에 의하여 16세기 초부터 정식경기형태의 대회가 시작된 것으로 추측된다.

2) 국제대회는 1896년 아테네에서 열린 제1회 근대 올림픽 경기대회 때부터 자유소총이 경기종목으로 채택되어 2종목의 소총경기와 3종목의 권총경기가 실시되었다. 1897년 프랑스 리옹에서 제1회 세계사격선수권대회가 개최되어 사격경기는 국제적인 스포츠로 자리잡게 되었다. 세계사격선수권대회는 2010년 제50회 대회까지 개최되고 있다. 현재 올림픽에서는 15개 종목의 사격경기가 실시되고 있다.

3) 국제사격연맹은 1907년 7월 7일 스위스 취리히에서 8개국 대표가 참가한 가운데 국제사격연맹(Union Internationale de Federation et Associations Nationale deTir)(UIT)을 최초로 결성하였다. 1998년 바르셀로나에서 개최된 총회에서 국제사격연맹의 명칭을 새롭게 ISSF (International Shooting Sport Feder-ation)로 바꾸게 되는데,

이는 군대사격과 차별화하고 소총, 권총을 사용하는 스포츠로서의 사격을 증명하기 위한 것이었다.

4) 우리나라 사격의 역사

중국 원나라에서 화약제조기술을 배워온 최무선이 우리나라 최초의 화약제조 시설인 화통도감을 설치하고 화약과 화약무기를 제조하기 시작했다. 1404년 태종 4년, 전문적인 사격수인 별군과 사격병인 화통군이 운영되었다. 임진왜란 때는 조총을 모방하여 제조하고, 포수와 총수를 전문적으로 양성하는 기관인 훈련도감을 설치하였다. 우리나라는 1904년 9월 24일 육군 연성 학교의 장교 재교육 과정에서 사격을 하였다는 기록이 있으며, 1955년에 대한사격협회가 결성되었고, 그해 10월 24일 임시회원국으로 승인받은 이래 1960 총회에서 정회원국으로 승인됨으로 정식사격국가로 발돋음하게 것이다(이태헌 2004).

1955년 대한사격협회가 창설되면서 비로소 사격경기가 정상적인 궤도에 올라 활기를 띠게 되었다. 대한사격협회는 창립 후 국제사격연맹의 승인을 받아 정식 회원국이 되고, 1955년 10월 서울에서 열린 제26회 전국체육대회에 사격 종목이 채택되면서 본격적인 경기의 발전이 시작되었다(장갑석, 2002). 현재 전국체육대회에서 사격은 35개이 종목으로 경기가 치러지고 있다.

최근 2023년 9월에 개막한 중국 항저우 아시안게임에서는 큰 성과를 거두지는 못했지만 사격 강국으로서의 면모를 보이고 있다.

올림픽 메달리스트를 보면 다음과 같다.

〈올림픽 메달리스트〉

차영철 (1988년 제24회 서울 올림픽, 남자 50m 소총 복사 은메달)
여갑순 (1992년 제25회 바르셀로나 올림픽, 여자 10m 공기소총 금메달)
이은철 (1992년 제25회 바르셀로나 올림픽, 남자 50m 소총 복사 금메달)
강초현 (2000년 제27회 시드니 올림픽, 여자 10m 공기소총 은메달)
이보나 (2004년 제28회 아테네 올림픽, 여자 트랩 동메달, 더블트랩 동메달)
진종오 (2004년 제28회 아테네 올림픽, 남자 50m 권총 은메달)
진종오 (2008년 제29회 북경올림픽, 남자 50m 권총 금메달, 남자 10m 공기권총 은메달)
진종오 (2012년 제30회 런던올림픽, 남자 50m 권총 금메달)
김장미 (2012년 제30회 런던올림픽, 여자 25m 권총 금메달)

3. 사격 종목의 특징

인류의 역사는 수렵에서 비롯되었고 이것이 오늘날의 스포츠 사격으로 변천되었다. 시간의 경과에 따라 인류는 끊임없이 종족을 보존하고 세력을 확장하기 위해 사격술을 발전시켜 왔다. 사격은 동서를 막론하고 군사적 목적 때문에 시작되었다.

고 보는 것이 타당하겠으나, 오늘날의 사격분야는 국방의 측면으로서나 스포츠 면으로서나 그 진가가 확실해지고 있는 것이다. 소총, 권총, 클레이 종목으로 나뉘어져 표적을 맞추어 인간의 욕구충족을 해소하는 경기로서, 총기가 거치되어 있는 상태에서 사수가 총을 사용 할 수 있도록 들어 올리는 거총, 탄환이 목표물을 향해 날아 갈 수 있도록 총구의 방향을 결정하는 조준, 방아쇠를 당기는 격발의 과정을 거쳐 표적을 쏘아 맞힌다. 목표물을 정확히 맞히기 위해서는 고도의 정신력과 집중력이 필요한 운동이며, 300m 소총, 50m소총/권총, 25m권총,10m 공기소총/권총, 트랩 · 스키트, 더블트랩, 50m 런닝타겟, 10m 런닝타겟 등 19종목으로 구성이 되어있고, 올림픽 제1회 대회 때부터 정식종목으로 채택이 되어 왔다.(대한사격연맹 ,2009) 2008년도 북경올림픽에서도 17개의 메달이 걸린 종목이며 한국의 진종오 선수가 10m공기권총 종목에서 은메달, 50m 권총 종목에서 금메달을 획득 하였다. 사격 종목은 육상이나 수영, 레슬링 다음으로 많은 17개의 올림픽 메달이 걸린 종목이다.

4. 공기권총

공기권총은 l0m 실내사격장에서 공기권총 표적에 한발씩 사격하게 되어 있다. 남자 경기는 60발을 1시간 45 동안에 사격하고 여자 경기는 40발을 1시간 15분 동안에 사격한다. 시사 발수는 무제한이고, 본선에 들어가서는 시사할 수 없으며 시사시간도 경기 시간에 포함되며, 총기는 공기 압축식 또는 C02 가스를 사용하는 구경 4.5mm 총기이면 어떤 총기도 되지만 다음과 같은 제한이 있다(민영삼 1995).

1) 모든 부품을 포함한 총의 무게가 1500g 이내여야
2) 방아쇠 압력은 500g이상(총구를 수직으로 한 상태에서)이어야 한다.
3) 손잡이의 어떤 부분도 손을 감싸서는 된다.
4) 전체적이 규격은 420x200 x 50mm 크기의 상자 안에 들어가야 한다(민영삼, 95).

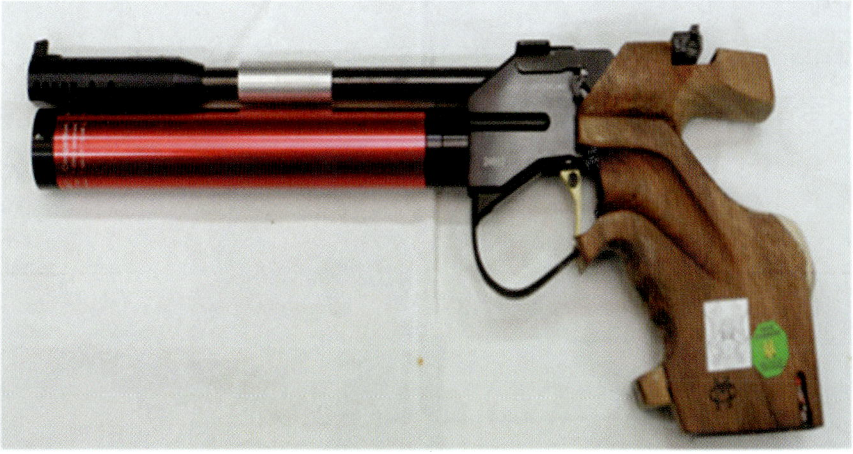

그림 1. 공기권총

5. 코칭머신(Scatt system) 특성

코칭머신(Scatt system)의 근본 특성을 사격선수들에게 사격 기술에 대한 객관적인 정보를 제공하는 데에 있고 일반적인 훈련 여건에서 탄착점은 우리가 눈으로 확인할 있는 유일한 객관적 정보이기 때문에 사격수행(shooting performance) 일반적인 평가 대상이지만 수행된 요소들의 평가에 있어서 결과를 이용하는 것은 매우 복잡하며 선수가 얻게 되는 주관적 정보는 항상 자신의 상황에 따라 변하며, 코칭머신(Scatt system) 사격 수행 시 조준점의 이동을 매우 정확하고 객관적인 화면으로 나타내주기 때문에 코치의 주관적인 평가 대상에서 설제 대상으로 변하며 선수의 설비-기술적 장비의 특성이 매우 중요시 되는 사격종목에서 외부 요인들(총열외 정확성과 사용 실탄 및 바람의 영향) 제외하고 순수한 기술만을 평가 할 수 있다.(김태희 2001).

6. 사격

공기권총은 사격 기술에 있어서 권총과 비슷하며 공기권총사격은 총을 몸의 어떠한 곳에도 지탱하지 않고 손으로 들어 목표물을 쏘아 명중시킨다. 온전한 사격의 기술에 속하는 공기권총 사격이 실탄권총과 다른 점은 단지 권총 구경이 작고, 반동이 적으며 탄자의 추진이 공기의 힘에 의존한 점이다. 그러므로 공기권총 사격에 익숙하면 어떤 실탄권총의 사격도 쉽게 익힐 수 있는 것이다(이태헌 2004).

1) 자세

사격의 자세는 오랜 기간의 숙달 기간을 필요로 하는 종목이다. 오랜 기간 중 처음에 가장 중점을 두어 숙달 시켜야 할 동작이 자세이다(육군본부 1985).

2) 파지

권총을 잡고 조준하기 전에 권총을 잡는 것은 매우 중요하다. 총기는 자신의 손에 맞도록 제작을 하지 않는 이상 구입 후 자기손에 맞게 깎거나 추가하여 파지를 정확하게 하여야 한다.

올바른 파지는 가늠자와 가늠쇠가 자연적으로 조준선 정렬이 되도록 하여야 하며 사격 중에 파지가 풀려서 총이 멋대로 노는 일이 없도록 단단히 쥐어야 한다. 총은 잡은 손목이 고정되어야 하고 격발이 이루어진 다음에도 손목이 움직이거나 풀리는 일이 없도록 하며 사격 때의 반동이 팔의 뼈로 받게 되어야하고 편해야 한다(이태헌 2004).

3) 호흡

사격에 있어서 호흡은 매우 중요하다. 격발직전에 호흡을 하게되면 총기는 움직이게 되고 숨을 너무 많이 들이마시면 맥박수가 빨라져서 심장의 동요가 심해질 수가 있어서 평상시 보다 심호흡을 하는 것이 유리하다.

산소 결핍 현상은 사격 과정에 나쁜 영향을 주기 때문에 심폐강화 훈련을 통하여 용량과 혈액 내의 산소 용량을 증대시키면 정적인 자세를 오태 지속할 있고 피로감도 천천히 올 것이다(민영삼, 95).

4) 조준

조준은 총기를 표적중심에 정렬하기 위해, 가늠자와 가늠쇠 그리고 표적을 동일선상에서 위치시키는 행위를 말하며, 사격술에서는 최고로 중요한 기술이기도 하다. 조준선 정렬을 이루는 중심이 되는 가늠쇠는 권총의 생명에 비유 될 수 있을 만큼 중요하다(서인택1995).

조준 시에는 양 눈 중에서 우성인 눈을 사용하라. 어느 눈이 좋은 눈인지 알아보려면 인지와 엄지손가락의 원을 만들어 얼굴에서 40cm 정도 떨어져서 원으로 조그만 물체를 살펴보면 원의 중심에 있는 물체를 볼 수 있는 눈이 좋은 눈이다(사격총서,1987).

5) 격발

격발은 공기권총 사격에서 가장 핵심이 되는 기술이다. 다른 기술이 아무리 완벽해도 격발이 잘못되면 소용없다. 왜냐하면 결정적인 순간, 탄환이 발사되는 순간 조준이 흐트러지기 때문이다(사격총서 1987). 또한 격발은 인지의 작용에 의해 단순하게 탄알을 총구 밖으로 발사하는 과정이 아니라 인지의 움직임 방아쇠 압력, 1단 격발시간, 2단 격발시간, 추적 등 여러 요인의 조화와 균형을 이루는 행위이다(서인택 1995).

6) 추적

사격 행위 마지막 단계를 격발 과정으로 생각하기 쉬우나 사격의 마지막 과정은 추적이다. 추적이란 실탄이 총구를 떠난 다음에도 계속 격발 전의 상태를 유지 하려는 노력이다. 추적의 핵심은 격발 후의 주시 과정이 아니라 격발 순간 가늠쇠에 강한 초점을 있게 하는 것을 의미한다. 공기권총은 격발 후 느껴지는 반동이 미약하지만 총을 움직이지 않고 절대적으로 안정을 유지해야 한다.

7) 예언

눈의 초점을 가늠쇠 (Pin Point)에 두어 격발 순간까지 조준선 정열을 지켜보고 격발 순간의 가늠쇠와 가늠자의 편차를 시각으로 측정하여 탄착 형성의 방향과 위치를 관측하는 일을 예언이라 한다. 시계 방향에 의하여 방향과 점수를 예측한다. 예언을 정확히 할 수 있는 선수가 고도의 사격술을 익힌 자라 할 수 있다(민영삼 1995).

8) 분석

분석은 탄착점의 예언과 확인으로 시작된다. 원칙적으로 예언이 나쁘면 탄착점도 나빠야 한다. 그러나 때로는 예언이 나빴는데도 탄착 결과가 좋을 경우가 있다. 이런 때에는 조준장치 사격술의 기본 원칙과 바람, 습도, 컨디션 등을 들이켜 반성하여 검토한다.

위의 모든 점에 이상이 없을 때에 크리크를 조정해야 한다. 여전히 예언과 탄착에 착오가 있으면 총기 자체의 이상으로 단정하여 원인을 수정하여야 한다(민영삼 1995).

7. 공기소총

정적 스포츠 중에 하나인 사격 (shooting)종목은 권총, 소총, 클레이, 러닝 타겟의 4가지 경기방식과 세부적으로 22개의 종목이 있으며 그 중에 15개 종목이 국제 스포츠 종목으로 지정되어 있다(국제사격연맹, International Shooting Sport Federation, 2013). 현재 하계올림픽에서는 이러 한 사격종목 중 공기소총은 남 우 녀 50M 3자세 그리고 혼성단체 종목으로는 10M 공기소총 경기가 진행되고 있다. 공기소총을 포함한 사격종목은 비대칭적으로 주측의 신체 한쪽을 사용하는 정적인 스포츠이며 시작부터 마지막 격발하는 순간까지 장시간 동안 동일한 자세 유지 및 피드백을 통해서 최소한의 신체 변화를 요하는데 이러한 정확성과 고도의 집중력을 발

휘하기 위해서는 선수 개개인에게 높은 수준의 체력 요인 및 심리적 요인 등이 작용하는 독특한 운동종목이라 할 수 있다(Mononen et al., 2007). 또한 많은 연구자(Kim & Kim, 2009 ; Joo & Kim, 2004)들은 고도의 집중력이 필요한 사격은 근력 발달과 함께 신체의 안정성 확보가 경기력과 양적상관성이 있다고 보고하였다.

1) 10m공기 소총

(1) 자세

다리는 어깨 넓이로 벌리고 표적을 향하여 60°~90°로 선다. 양발의 간격이 너무 좁으면 상하의 움직임이 생기고, 너무 넓으면 상하좌우의 움직임이 생기게 된다. 왼팔은 지주로서의 역할을 하며, 팔꿈치는 골반능각 약간 좌측 쪽에 기대도록 한다. 지주로서의 안정을 주기 위한 의탁할 신체부위는 골반이나 복사근의 약간 우측에서 안정된 의탁지점을 찾아야 한다.

그림 1-1 소총의 자세

팔위에 올려놓은 총은 몸을 약간 뒤로 젖혀 중력선을(몸과 총) 지지면 중앙에 오도록 해야 자세의 균형과 안정을 유지할 수 있다. 오른손은 총목을 가볍게 잡고 팔꿈치는 동체에서 30°~40°의 각도를 유지하며, 총을 포함한 전체의 몸무게로 중심을 잡는다. 머리는 자연스러운 상태에서 바르게 하고 볼은 개머리 윗부분에 가볍게 대어야 똑바로 유지할 수 있다.

2) 공기소총의 자세

공기 소총 자세는 보편적으로 많은 선수들이 사용하는 일반적인 자세와 히프-레스트라는 두 가지 자세로 나눌 수 있다.

첫 번째 자세는 선수들이 가장 많이 사용하고 있는 일반적인 자세로서 왼쪽 배를 표적에 향하게 한 뒤, 양발의 간격은 어깨 폭 넓이와 같이 하며, 발끝은 약간 밖으로 벌리며, 오른발과 왼발 끝은 거의 일직선으로 유지, 몸의 중량을 양발에 균등하게 하는 자세이다. 두 번째 자세는 사수의 히프로 총을 안정시키는 것이다. 이 자세는 양 다리를 보통 자세와 같이 벌리고 왼쪽 팔굽 부분을 왼쪽 가슴에 밀착시켜 왼손을 벌려서 손바닥 위로 총을 올려놓는다. 허리는 왼쪽 팔굽을 지탱하기 위하여 표적방향으로 조금 내민다.

3) 소총의 호흡법

(1) 조준선 정렬

조준선 정렬이란 조준장치의 종류여하를 불구하고 가늠자와 가늠쇠의 정확한 관계배치를 말한다. 여기에는 오픈사이트라고 하는 막대형 조준장치와 피프사이트라고 하는 원형 조준 장치가 있다.

(2) 정조준

정조준이란 조준선 정렬이 된 상태에서 표적과의 정확한 관계배치를 일치시키는 것을 말한다. 사수가 조준 그 자체를 정확히 수행하려면 조준선 정렬이 된 상태가 표적의 흑점 중앙 하단에 조준점이 형성되도록 해야 한다. 이때 조준점은 표적의 흑점과 약간의 공간을 두어 형성하고 가늠자, 가늠쇠 그리고 표적 흑점의 관계배치가 정확히 되었을 때 바른 조준이라 할 수 있다.

표적지	표적지의 설치
 공기소총	

(3) 호흡

호흡은 사격을 성공적으로 수행하기 위해 중요한 역할을 하며, 조준 및 격발간에 일체의 호흡을 해서는 안 되며 또한 격발이 끝난 후에도 잠시동안 호흡은 정지되어 있어야 한다. 만일 호흡실시 요령이 불량하게 되면 흉강, 복강 및 전상박대의 율동이 총의 전위 및 동요를 일으켜 사수의 컨디션에 악영향을 주어 사격 기록의 저하를 초래하기 때문이다. 평상시에는 사람의 호흡은 평균 1분간에 12~15회가 이루어진다. 그러므로 1호흡주기는 4~5초이며 이중 2~3초간을 호흡 간격으로 폐장 내에 잔류되어 있는 공기에 의해서 가스교환이 유지된다. 사격시에는 사람의 자연스러운 호흡 간격을 이용, 호흡으로 인하여 발생하는 율동을 최소화 시켜 정확한 발사를 해야 한다. 격발을 위한 호흡 정지시간이 너무 길어서는 안된다. 10~12초 동안에 좋은 조건의 발사 순간을 포착하지 못한 때에는 일단 조준을 중지하여 호흡을 다시 시도해야 하며, 호흡의 리듬이 깨져서 신체의 컨디션에 악영향을 미치는 것을 방지해야 한다.

(4) 격발

격발은 가늠쇠가 정확하게 표적의 중앙점의 하단과 일치할 때 이루어져야 한다. 즉 격발은 목표에 지향하는 방향에서 움직이게 해서는 안되며, 격발은 눈의 의식과 완전히 일치하여 이루어져야 한다.

(5) 추적과 예언

일반적으로 뇌신경으로 부터의 격발 명령을 받은 뒤 그 명령이 방아쇠를 당기는 손가락 끝에 전달되어 작동할 때까지의 시간은 0.18~0.22초라고 한다. 그런데 이 시간적 간격은 사수로 하여금 격발 직전 또는 격발 순간에 총의 조준선 정렬에 격발폭음을 예싱한 빈사직용을 가져오게 할 수 있는 예인이 나쁘면 탄착점도 나쁘다. 그러나 때로는 예언이 나빴는데도 탄착 결과가 좋을 때가 있다. 이런 때에는 우선 조준장치에 이상이 없는가를 확인한다. 가음에 자세, 파지, 조준선정렬, 호흡, 격발 등 사격술의 기본원칙들을 돌이켜 반성하며 검토한다.

8. 50m 소총 3자세

소구경 소총 3자세에 있어 사격 자세는 엎드려쏴(복사), 무릎 쏴(슬사), 서서 쏴(입사) 3가지로 구분한다. 사격선수는 그 개인마다 자신의 특유한 신체적 특징, 신장, 체중 및 근육의 발달 등을 가지고 있기 때문에 사격자세에 있어 누구에게나 적합하고 보편적인 처방이 나 모형은 있을 수 없다. 그러므로 각자 자신의 신체적 조건에 적합한 사격자세를 선택하고 발전 시켜야 하며, 사격규정에 올바른 사격자세를 찾는데 있어서 사수는 이점을 잊어서는 안된다.

그림. 1-2. 복사, 슬사, 입사 자세

(1) 엎드려 쏴(복사)

엎드려 쏴 사격 자세는 몸을 지면에 의지하는 까닭에 다른 자세에 비하면 훨씬 안정성을 갖게 된다. 이 자세는 사수의 몸으로 이루어지는 광대한 지지면이 낮은 중심위치와 더불어 몸과 총으로 이루어진 조직체에 최대의 안정성을 주게되며, 근육기관의 긴장을 최소화 하여 총에 양호 사격시에 몸을 동일 상태로 오랫동안 유지한다는 것을 보장할 수 있고, 조준시에 눈의 활동에 가장 좋은 조건이 보장되도록 머리의 자세를 가질 수 있어야 하며, 사수로서는 자기의 체력적 특징에 비추어 자기에게 가장 적합한 바른 사격 자세를 찾아내도록 하여야 한다. 사격자세의 안정성 및 자세의 지속성은 무엇보다 몸의 자세 그리고 몸과 사면이 이루는 각도의 여하에 따라서 달라진다.

몸과 사면이 이루는 각은 15°~20°가 가장 적당하다. 이와 같은 각도로 몸을 유지하면 가슴이 별로 압박을 받지 않고 호흡이 비교적 편해지며 더구나 최종 조준을 위해서도 상당히 유리한 조건이 부여된다.

엎드려 쏴(복사) 자세 점검 사항으로는 다음과 같이 실시한다.

- 표적을 향하여 자세를 취한다.
- 눈을 감고 호흡을 멈춘다.
- 긴장을 푼다.
- 눈을 뜨고 조준선을 확인한다.

(2) 무릎 쏴(슬사)

무릎 쏴 자세는 엎드려 쏴 자세에 비하여 안정도에 있어서 훨씬 뒤지는 사격자세이다. 그래서 무릎 쏴 자세는 소총사격에서 가장 어려운 자세의 하나로 자기에게 맞는 합리적인 자세를 찾아내는 것은 결코 쉬운 일은 아니다. 그러기 위해서는 다음과 같은 요건을 충족시키면서 자기 체계적 특성에 완전히 일치되는 가장 편리한 사격자세를 취해야 한다.

- 왼쪽다리는 총과 왼팔을 위한 지주역할만 해야되며 사수의 체중은 최소한이 되게하기 위하여 세점에 고루 분배되어야 한다.
- 부자연스러운 몸의 자세를 감안 신체의 마디마디를 가급적 적은 부담으로 고정시켜야 한다(특정 근육군의 부담은 금물).
- 조준시 눈의 활동에 가장 좋은 조건을 만들어 줄 수 있는 머리의 유지가 보장되는 사격자세가 되어야 한다.

무릎 쏴 자세에서 안정성을 좌우하는 제1의 요소는 사수의 몸을 지탱하는 부위, 즉 왼발, 오른쪽 무릎, 오른쪽 발부리의 관계배치이다. 오른쪽 다리에는 사면에 대하여 60°~70°의 각도를 취하는 관계 위치를 주고 왼쪽다리는 반보이하의 넓이로 앞에 내디뎌 정강이가 지면에 대하여 거의 수직이 되도록 무릎을 구부린 상태로 만들고 왼발은 사면에 40°~60°의 각도를 잡도록 관계위치를 취하게 하는 경우 무릎쏴 자세는 안정도가 높고 정확하게 되는 것이다.

무릎 쏴(슬사)자세가 표적에 대하여 똑바로 향해지고 있는가를 확인하기 위해 는 엎드려 쏴 자세와 똑같이 자세를 점검해야 한다. 자세 점검요령 다음과 같다.

- 표적을 향하여 자세를 취한다.
- 눈을 감고 호흡을 멈춘다.
- 긴장을 푼다. -
- 눈을 뜨고 조준선을 확인한다.

(3) 서서 쏴(입사) 자세

서서 쏴 자세는 3가지의 자세 중 가장 안정도가 낮은 사격자세이다. 엎드려 쏴(복사)와 무릎 쏴(슬사)자세의 경우는 몸의 중심위치가 별로 높지 않은데다가 비교적 넓은 지탱면을 차지하고 있기 때문에 상당히 안정도가 높다. 그러나 서서 쏴 자세에서는 다음과 같은 안정성을 기대하지 못한다.

- 사수의 몸과 총으로 이루어진 조직체의 중심이 지탱면의 위로 높게 위치할 뿐만 아니라 지탱면 자체가 양발 사이에 제한되어 아주 범위가 좁기 때문이다.
- 신체의 모든 부분을 고정하여 몸을 수직상태로 유지하기 위해서는 근육기관의 긴장이 크게 요구되고 그 긴장에 따른 근육의 작용과 반작용의 탓으로 몸에 절대적인 부동 상태가 불가능하여 크건 작건 간에 신체의 동요를 방지할 수 없다.

서서 쏴 자세의 안정성은 두 발의 상대적인 위치에 크게 의존된다. 안정성을 위한 두발의 간격이 사수의 어깨 넓이 보다 넓지 않도록 하고 발끝이 약간 바깥쪽으로 향하도록 한다. 소총의 무게가 결코 팔 근육의 힘으로만 지탱되게 해서는 안된다. 거총시 상박대 오른 쪽의 근육을 긴장 시키지 말 것이며, 오른쪽 어깨에 힘을 넣고, 또 앞으로 내미는 일이 없도록 해야 한다. 버트 플레이트(Butt Plate)는 규정범위 내에서 상하 조정이 가능하다. 자세는 각자 자신의 신체 주조에 맞게 적응시켜야 하며, 그렇게 정확하게 자세가 취해지면 그것은 경기력을 향상시킬 수 있는 좋은 자세가 되는 것이다.

9. 사격 주차별 강의계획서

주차별 학습내용			
주차	관련하위역량 (Keyword/능력단위요소)	수업내용	비고
1	(o.t) 1. 수업방향 2.성적부여방법	■ 총기 소지법을 익힐 수 있다. ■ 사격시 호흡법을 익힐 수 있다. [기술] ■ 사격 종류에 따른 적응력을 기를 수 있다. ■ 사격을 통한 인간관계회복 능력을 기른다. ■ 생활 사격을 상대방에게 지도할 수 있는 능력을 기른다. [태도] ■ 사격을 통해 안전의 중요성을 이해한다. ■ 사격 능력을 향상 시킬 수 있는 개념을 이해한다.	대면 수업을 통한 사격기술 중 호흡법과 격발방법 습득과정을 사진으로 설명하고 실제로 동작을 익힐 수 있도록 직접 제작한 동영상 탑재
2	1. 사격습득을 위한 기본자세 이해하기 2. 사격 강화를 위한 호흡법	1.1 사격을 위한 신체방어활동의 종류와 실행방법 을 설명할 수 있다. [지식] ■ 생활사격의 개념 및 중요성 이해 ■ 사격 수련방법 이해 ■ 호흡법을 익힐 수 있다. ■ 타겟을 설정할 수 있다. [기술] ■ 사격 종류에 따른 적응력을 기를 수 있다. ■ 사격을 통한 인간관계회복 능력을 기른다. ■ 생활 사격을 상대방에게 지도할 수 있는 능력을 기른다. [태도] ■ 사격을 통해 안전의 중요성을 이해한다. ■ 사격 능력을 향상 시킬 수 있는 기	대면 수업을 통한 사격기술 중 호흡법과 격발방법 습득과정을 사진으로 설명하고 실제로 동작을 익힐 수 있도록 직접 제작한 동영상 탑재

주차별 학습내용			
주차	관련하위역량 (Keyword/능력단위요소)	수업내용	비고
		술을 상호 교환한다.	
3	1. 사격1- 기초 실습	1.1 사격을 중심으로 직접 수련효과에 대해 설명할 수 있다. [지식] ■ 생활사격의 개념 및 중요성 이해 ■ 사격 수련방법 이해 ■ 호흡법을 익힐 수 있다. ■ 총기 파지법을 익힐 수 있다. [기술] ■ 사격 종류에 따른 적응력을 기를 수 있다. ■ 사격을 통한 인간관계회복 능력을 기른다. ■ 생활 사격을 상대방에게 지도할 수 있는 능력을 기른다. [태도] ■ 사격을 통해 안전의 중요성을 이해한다. ■ 사격 능력을 향상 시킬 수 있는 기술을 상호 교환한다.	대면 수업을 통한 사격기술 중 호흡법과 격발방법 습득과정을 사진으로 설명하고 실제로 동작을 익힐 수 있도록 직접 제작한 동영상 탑재
4	1. 사격2- 기초 실습	1.1 사격 실습 중 주의사항을 이해할 수 있다. [지식] ■ 생활사격의 개념 및 중요성 이해 ■ 사격 수련방법 이해 ■ 호흡법을 익힐 수 있다. ■ 총기 파지법을 익힐 수 있다. [기술] ■ 사격 종류에 따른 적응력을 기를 수 있다. ■ 사격을 통한 인간관계회복 능력을 기른다. ■ 생활 사격을 상대방에게 지도할 수 있는 능력을 기른다.	대면 수업을 통한 사격기술 중 호흡법과 격발방법 습득과정을 사진으로 설명하고 실제로 동작을 익힐 수 있도록 직접 제작한 동영상 탑재

주차별 학습내용			
주차	관련하위역량 (Keyword/능력단위요소)	수업내용	비고
		[태도] ■ 사격을 통해 안전의 중요성을 이해한다. ■ 사격 능력을 향상 시킬 수 있는 기술을 상호 교환한다.	
5	1. 사격2- 기초 실습	1.1 사격에 대한 개념을 이해하고 설명할 수 있다. 1.2 사격을 위한 신체방어활동의 종류와 실행방법을 설명할 수 있다. 1.3 사격 실습 중 주의사항을 이해할 수 있다. [지식] ■ 생활사격의 개념 및 중요성 이해 ■ 사격 수련방법 이해 ■ 호흡법을 익힐 수 있다. ■ 총기 파지법을 익힐 수 있다. [기술] ■ 사격 종류에 따른 적응력을 기를 수 있다. ■ 사격을 통한 인간관계회복 능력을 기른다. ■ 생활 사격을 상대방에게 지도할 수 있는 능력을 기른다. [태도] ■ 사격을 통해 안전의 중요성을 이해한다. ■ 사격 능력을 향상 시킬 수 있는 기술을 상호 교환한다.	대면 수업을 통한 사격기술 중 호흡법과 격발방법 습득과정을 사진으로 설명하고 실제로 동작을 익힐 수 있도록 직접 제작한 동영상 탑재
6	1. 사격2- 기초 실습	1,1 사격 실습 중 주의사항을 이해할 수 있다. [지식] ■ 생활사격의 개념 및 중요성 이해 ■ 사격 수련방법 이해 ■ 호흡법을 익힐 수 있다. ■ 총기 파지법을 익힐 수 있다.	대대면 수업을 통한 사격기술 중 호흡법과 격발방법 습득과정을 사진으로 설명하고 실제로 동작을 익힐 수 있도록 직접 제작한 동영상 탑재

<table>
<tr><th colspan="4">주차별 학습내용</th></tr>
<tr><th>주차</th><th>관련하위역량
(Keyword/능력단위요소)</th><th>수업내용</th><th>비고</th></tr>
<tr><td></td><td></td><td>[기술]
▪ 사격 종류에 따른 적응력을 기를 수 있다.
▪ 사격을 통한 인간관계회복 능력을 기른다.
▪ 생활 사격을 상대방에게 지도할 수 있는 능력을 기른다.

[태도]
▪ 사격을 통해 안전의 중요성을 이해한다.
▪ 사격 능력을 향상 시킬 수 있는 기술을 상호 교환한다.</td><td></td></tr>
<tr><td>7</td><td>1. 사격2- 기초 실습</td><td>1,1 사격 실습 중 주의사항을 이해할 수 있다.

[지식]
▪ 생활사격의 개념 및 중요성 이해
▪ 사격 수련방법 이해
▪ 호흡법을 익힐 수 있다.
▪ 총기 파지법을 익힐 수 있다.

[기술]
▪ 사격 종류에 따른 적응력을 기를 수 있다.
▪ 사격을 통한 인간관계회복 능력을 기른다.
▪ 생활 사격을 상대방에게 지도할 수 있는 능력을 기른다.

[태도]
▪ 사격을 통해 안전의 중요성을 이해한다.
▪ 사격 능력을 향상 시킬 수 있는 기술을 상호 교환한다.</td><td>대면 수업을 통한 사격기술 중 호흡법과 격발방법 습득과정을 사진으로 설명하고 실제로 동작을 익힐 수 있도록 직접 제작한 동영상 탑재</td></tr>
<tr><td>8</td><td>직무능력평가1 실시</td><td>1. 직무능력 평가1 비대면시-사격의 필요성, 사격과 인성의 관계, 본인이 가장 잘하는 사격 1개동작 사진찍어서 설명후 제출</td><td>대면 수업을 통한 사격기술 중 호흡법과 격발방법 습득과정을 사진으로 설명하고 실제로 동작을 익힐 수 있도록 직접 제작한 동영</td></tr>
</table>

주차별 학습내용			
주차	관련하위역량 (Keyword/능력단위요소)	수업내용	비고
			상 탑재
9	1. 사격2- 기초 실습	1,1 사격 실습 중 주의사항을 이해할 수 있다. [지식] ▪ 생활사격의 개념 및 중요성 이해 ▪ 사격 수련방법 이해 ▪ 호흡법을 익힐 수 있다. ▪ 총기 파지법을 익힐 수 있다. [기술] ▪ 사격 종류에 따른 적응력을 기를 수 있다. ▪ 사격을 통한 인간관계회복 능력을 기른다. ▪ 생활 사격을 상대방에게 지도할 수 있는 능력을 기른다. [태도] ▪ 사격을 통해 안전의 중요성을 이해한다. ▪ 사격 능력을 향상 시킬 수 있는 기술을 상호 교환한다.	대면 수업을 통한 사격기술 중 호흡법과 격발방법 습득과정을 사진으로 설명하고 실제로 동작을 익힐 수 있도록 직접 제작한 동영상 탑재
10	1. 사격2- 기초 실습	1,1 사격 실습 중 주의사항을 이해할 수 있다. [지식] ▪ 생활사격의 개념 및 중요성 이해 ▪ 사격 수련방법 이해 ▪ 호흡법을 익힐 수 있다. ▪ 총기 파지법을 익힐 수 있다. [기술] ▪ 사격 종류에 따른 적응력을 기를 수 있다. ▪ 사격을 통한 인간관계회복 능력을 기른다. ▪ 생활 사격을 상대방에게 지도할 수 있는 능력을 기른다.	대면 수업을 통한 사격기술 중 호흡법과 격발방법 습득과정을 사진으로 설명하고 실제로 동작을 익힐 수 있도록 직접 제작한 동영상 탑재

<table>
<tr><th colspan="4">주차별 학습내용</th></tr>
<tr><th>주차</th><th>관련하위역량
(Keyword/능력단위요소)</th><th>수업내용</th><th>비고</th></tr>
<tr><td></td><td></td><td>[태도]
▪ 사격을 통해 안전의 중요성을 이해한다.
▪ 사격 능력을 향상 시킬 수 있는 기술을 상호 교환한다.</td><td></td></tr>
<tr><td>11</td><td>1. 사격2- 기초 실습</td><td>1.1 사격 실습 중 주의사항을 이해할 수 있다.

[지식]
▪ 생활사격의 개념 및 중요성 이해
▪ 사격 수련방법 이해
▪ 호흡법을 익힐 수 있다.
▪ 총기 파지법을 익힐 수 있다.

[기술]
▪ 사격 종류에 따른 적응력을 기를 수 있다.
▪ 사격을 통한 인간관계회복 능력을 기른다.
▪ 생활 사격을 상대방에게 지도할 수 있는 능력을 기른다.

[태도]
▪ 사격을 통해 안전의 중요성을 이해한다.
▪ 사격 능력을 향상 시킬 수 있는 기술을 상호 교환한다.
▪ 반드시 1:1로 대면하여 연습하도록 한다.</td><td>대면 수업을 통한 사격기술 중 호흡법과 격발방법 습득과정을 사진으로 설명하고 실제로 동작을 익힐 수 있도록 직접 제작한 동영상 탑재</td></tr>
<tr><td>12</td><td>1. 사격2- 기초 실습</td><td>1.1 사격 실습 중 주의사항을 이해할 수 있다.

[지식]
▪ 생활사격의 개념 및 중요성 이해
▪ 사격 수련방법 이해
▪ 호흡법을 익힐 수 있다.
▪ 총기 파지법을 익힐 수 있다.</td><td>대면 수업을 통한 사격기술 중 호흡법과 격발방법 습득과정을 사진으로 설명하고 실제로 동작을 익힐 수 있도록 직접 제작한 동영상 탑재</td></tr>
</table>

주차별 학습내용			
주차	관련하위역량 (Keyword/능력단위요소)	수업내용	비고
		[기술] ▪ 사격 종류에 따른 적응력을 기를 수 있다. ▪ 사격을 통한 인간관계회복 능력을 기른다. ▪ 생활 사격을 상대방에게 지도할 수 있는 능력을 기른다. [태도] ▪ 사격을 통해 안전의 중요성을 이해한다. ▪ 사격 능력을 향상 시킬 수 있는 기술을 상호 교환한다.	
13	1. 사격2- 기초 실습	1.1 사격 실습 중 주의사항을 이해할 수 있다. [지식] ▪ 생활사격의 개념 및 중요성 이해 ▪ 사격 수련방법 이해 ▪ 호흡법을 익힐 수 있다. ▪ 총기 파지법을 익힐 수 있다. [기술] ▪ 사격 종류에 따른 적응력을 기를 수 있다. ▪ 사격을 통한 인간관계회복 능력을 기른다. ▪ 생활 사격을 상대방에게 지도할 수 있는 능력을 기른다. [태도] ▪ 사격을 통해 안전의 중요성을 이해한다. ▪ 사격 능력을 향상 시킬 수 있는 기술을 상호 교환한다.	대면 수업을 통한 사격기술 중 호흡법과 격발방법 습득과정을 사진으로 설명하고 실제로 동작을 익힐 수 있도록 직접 제작한 동영상 탑재
14	1. 사격2- 기초 실습	1.1 사격 실습 중 주의사항을 이해할 수 있다. [지식] ▪ 생활사격의 개념 및 중요성 이해	대면 수업을 통한 사격기술 중 호흡법과 격발방법 습득과정을 사진으로 설명하고 실제로 동작을 익힐 수 있도록 직접 제작한 동영

주차별 학습내용			
주차	관련하위역량 (Keyword/능력단위요소)	수업내용	비고
		▪사격 수련방법 이해 ▪호흡법을 익힐 수 있다. ▪총기 파지법을 익힐 수 있다. [기술] ▪사격 종류에 따른 적응력을 기를 수 있다. ▪사격을 통한 인간관계회복 능력을 기른다. ▪생활 사격을 상대방에게 지도할 수 있는 능력을 기른다. [태도] ▪사격을 통해 안전의 중요성을 이해한다. ▪사격 능력을 향상 시킬 수 있는 기술을 상호 교환한다.	상 탑재
15	직무능력평가 2 (기말고사) 실시	1. 직무능력 평가2 1,1 사격 실습 중 주의사항을 이해할 수 있다. [지식] ▪생활사격의 개념 및 중요성 이해 ▪사격 수련방법 이해 ▪호흡법을 익힐 수 있다. ▪총기 파지법을 익힐 수 있다. [기술] ▪사격 종류에 따른 적응력을 기를 수 있다. ▪사격을 통한 인간관계회복 능력을 기른다. ▪생활 사격을 상대방에게 지도할 수 있는 능력을 기른다. [태도] ▪사격을 통해 안전의 중요성을 이해한다. ▪사격 능력을 향상 시킬 수 있는 기술을 상호 교환한다.	대면 수업을 통한 사격기술 중 호흡법과 격발방법 습득과정을 사진으로 설명하고 실제로 동작을 익힐 수 있도록 직접 제작한 동영상 탑재

주차별 학습내용			
주차	관련하위역량 (Keyword/능력단위요소)	수업내용	비고
16	향상평가 실시	하위 10% 실시(직무능력평가 2에서 부족한 부분 재평가)	

III

검도

1. 검도의 기원
2. 검도실기
3. 검도의 예(禮)
4. 용구(用具)
5. 기본동작
6. 후리기
7. 대련공부
8. 검도 주차별 강의계획서

Ⅲ. 검도

1. 검도의 기원

검도란 "검술을 통한 하나의 인간 수양이다."라고 정의한다. 현대 사격이 있기 전 인류는 선사시대부터 도구를 사용하면서 인지(人知)가 차츰 발달되어 이를 사용하는 방법이 인식되어 검술이 생겨나게 되었다. 먼저, 劍의 역사를 보면 刀의 역사를 먼저 살펴보면, 刀에 관한 최초의 기록은〈史記〉黃帝本紀와 考工記에서 발견되는데, 그 내용은 "황제가 首山에서 銅錢을 채취하여 刀를 제작하였다."한다. 이 시기는 B.C 2,600년경으로 추정되는데 석기문명에서 청동기 문명으로 전환하는 시기로 제작된 청동 칼은 최신 병기였다. 劍의 대한 최초의 기록은 〈管子〉 지수 편에는 "東夷族 蚩尤가 劍을 만들었다. 蚩尤는 東夷族으로 중원까지 君臣으로 존경받았으며, 사실상 중국에는 검술이 전해지지 않았고 동시에 그 무기 또한 드물다."하였다고 管子는 탄식했으며 모원의(茅元儀;武備志를 찬술함.)도 탄식하면서 朝鮮에서 그 訣을 얻었다고 한다. 철이 생성되는 곳은 약ㅁ수리 발전할 수밖에 없음을 인식해야 한다. 종교적 상징으로 사용되면 劍이 종교적 수단과 병행하면서 劍의 이치를 알게 되고 전투적 목적으로 사용되는 과정 속에서 사용법에 따른 劍法이 등장하게 된다.

〈劍道〉란 말은 2000년년전 〈漢書〉 예문지의 검도38편이 기록된 것으로는 처음 나타나고 그밖에 사법(射法)42편, 수박(手搏)6편이 기록되어 있는데 유독 검도만이 法이 아닌 道라고 불리었다.

예로부터 劍을 배우는 것은 修道劍이라 하였는데 수도(修道)란 도가(道家)의 正座法을 말한다. 이는 단전호흡과 氣의 단련으로 심신을 수양하는 것인데 대개의 무사들이 이것을 중요시 여긴 것으로, 이런 기본적인 수양은 우리 민족의 근본적인 사상에서 출발하였다. 중국인들은 우리 민족을 〈東夷〉라 칭하면서 "君子不死之國"이란 말을 썼다. 즉 우리 민족을 가리켜 "군자가 죽지 않는 나라"라 말한 것이다. 또한 "예를 중요시 여겼고 그릇을 祭器로 사용했으며, 중국이 禮를 잃는다면 이를 東夷에서 찾으라"고 했다.

〈山海經〉 海外東經博에서는 "東夷를 君子라 부르고 그들은 옷을 입고 관을 쓰고 띠를 두르며劒을 찼다"라고 한다(山海經).이 시대부터 예를 다룬 君子의 道를 지켰고 지배자의 상징인 劒을 사용하면서 다른 나라에 많은 문화를 전하기도 했다. 특히 일본 열도에 우리 문화가 전파된 사실을 살펴보면 일본의 彌生文化(B.C.3세기-B.C 3세기 후반)와 古境文化(AD

3세기 후반~AD 7세기 전반)는 우리 미족이 일본에 건너가 이룬 문화로 본다 이 양문화에서 발견된 유물을 보아 특히 製刀劍 기술이 나오는데 이는 畿內, 近畿지방에 일찍이 뿌리내려온 우리 민족의 후손들이 그들에게 세습되어 오던 道人 佐備氏와 기타 漢人 기술자들(SABI는 劍을 뜻하는 한국 古語의 '사히')의 도래와 거의 같은 시기에 作鏡, 作玉 기술자가 전래함으로써 이 시대에 鏡作部와 玉作部까지 생겼다. 이런 역사적인 근거를 통해 일본으로 전해진 검술은 임진왜란 당시 그 기세를 떨치게 된다.

2. 검도실기

1) 검도란 무엇인가

검도란 말하자면 칼싸움이다. 요즘은 거의 자취를 감추었지만 동네 아이들이 모여 나무막대기로 싸움놀이를 하던 것, 그것이 바로 검도의 원형이다. 그 역사는 수천 년 또는 전으로 거슬러 올라갈 수 있다. 이집트에서는 BC1500년경에 이미 막대기 싸움(stick fighting)이 크게 유행하였으며, 아직도 당시의 부조물이 남아 있어 보는 사람을 놀라게 하고 있다. 우리나라에서는 아이들뿐만 아니라 어른들의 편싸움에, 심지어는 궁중에서까지 봉희(棒戲)나 격검(擊劍)이라는 이름으로 행해졌었다. 또한 신라의 화랑도(花郎徒)에게 있어 격검이 필수적인 수련과목이었다는 것을 잘 알려진 사실이며, 그 근거가 바로 본국검법(本國劍法)이다, 이〈본국검법〉은 현존하는 세계 최고(最古)의 것으로 자랑스러운 우리의 유산이다. 이와 함께 중국의 모원의(茅元儀)에 의해 전해진 〈조선세법(朝鮮勢法)〉또한 현대검도의 모태가 된 고대검법의 정수이다.

칼(나무, 돌, 쇠 등의 재질에 관계없이)은 동물사냥에서부터 쓰이기 시작하여 살상용으로 혹은 호신용으로 수만 년 동안 사용되어 왔으며, 시대와 지역에 따라 형태와 기법도 다양하게 발전되어 왔다. 그 자체의 즐거움과 인간만이 가지고 있는 순치능력 등이 복합적으로 어우러져 칼싸움은 살상 목적이 아닌 심신의 수련을 위한 교육적 무예로, 다시 체육경기로 자리를 잡아 오늘에 이른 것이다.

현재의 검도경기가 만들어진 것은 불과 100여 년 전으로, 아직 세계적인 스포츠로 정착하지는 못하고 있다. 앞으로는 용구를 좀 더 과학적으로 개량하고 경기방식도 현대화하여 보다 건전하고 가치 있는 체육경기로 활성화해 전 세계인의 사랑을 받도록 해야 할 것이다.

2) 이념과 정의

(1) 이념

검도는 칼을 사용해 온 유구한 투쟁의 역사 속에서 인류가 터득한 순치(馴致)된 경험들을 무덕(武德)으로 승화시키려고 노력하는 선지향적(善指向的)의지이며, 극기복례(克己復禮)의 한 길(道)이다.

(2) 정의

검도는 체육경기의 한 종목이며 그 명칭이다. 칼의 역학적 원리를 응용하여 겨루기를 행하며, 정해진 경기 · 심판 규칙에 의해 승패를 가르는 격투기적 개인경기이다.

교예(教藝)와 경기의 구분에 따라 칼(도, 검, 목도, 죽도 등)은 구별하여 사용한다.

3) 검도의 목적

예의를 바르게 한다.

예의는 인간이 지켜야 할 가장 근본적이고 규범이 되는 상대적 행위이다. 검도에서 예의를 잃으면 오직 칼을 사용하는 투쟁만이 강조될 수 있으니 이를 경계한다.

심신을 건강하게 한다.

몸과 마음을 건강하게 하려면 수련을 통하여 힘과 기량을 기르며, 어려움을 참고 이를 이겨내는 것을 보람과 즐거움으로 삼아야 한다.

신의를 지킨다.

칼은 올바른 일을 위하여 쓰는 것이니, 이것이 바로 활인검이다. 부당한 것을 없애고 믿음으로 사귀며 헌신적으로 사회에 봉사하는 인간이 되도록 스스로 노력하고 이를 실천한다.

4) 검도인의 자세

우리는 선사 이래 충일한 상무정신으로 선인 · 풍월도(仙人 · 風月道)의 ㅣ사상을 이어받아 왔다. 화랑오계의 참뜻을 지켜 도덕을 세우고 인간과 자연이 조화를 이루도록 앞장설 것이며, 거짓을 버리고 바른 길로 나아가 인류의 평화에 기여한다.

① 효를 근본으로 가정을 바르게 한다.
② 나라와 겨레를 위해 헌신한다.
③ 신의를 앞세워 사회의 봉사한다.
④ 자연과 이웃을 사랑한다.
⑤ 옳은 일을 위해서는 물러서지 않는다.

3. 검도의 예(禮)

1) 우리나라의 무와 예

중국의《산해경(山海經)》이라는 책을 보면 '군자국(君子國)사람들은 옷 입고 관을 쓰고 칼을 차고 다니며 양보하기를 좋아하고 다투지 않는다'고 하였다. 《박물지(博物志)》에도 군자국은 예를 지키고 사양하기를 잘하며 서로 싸우지 않는다고 기록하고 있다. 공자(孔子)가 도(道)가 행해지지 않으면 동이로 가겠다던 때를 참고하면('東夷는 大人이며 夷는 仁者라 君子不死之國이다')군자국은 벌써 2500년 전에 중국을 앞서갔 예의 나라였고 칼을 차고 다니던 무사의 나라, 검도의 나라였다.

- 마한(馬韓)에서는 투쟁공전(鬪爭攻戰)에서 굴복한 사람도 귀히 여긴다. -《진서(晋書)》
- 신라인은 사람을 만나면 꿇어앉아 공손히 한다. -《당서(唐書)》
- 고구려 동천왕(東川王)이 죽자 근신(近臣)으로 따라 죽으려는 자가 많아 중천와(中川王)이 말렸으나 장례시기 날 무덤에 이르러 자살하는 자가 매우 많아 나라 사람들이 나무를 베어 시체들을 덮었다. -《삼국사기(三國史記)》
- 화랑 관창을 기특히 여겨 일단 살려 보낸 계백 장군의 일화 -《삼국사기(三國史記)》이상의 예를 보면 우리의 무사들과 그들의 본질적인 예를 알 수 있으며, 이는 참으로 세계적인 자랑거리이다.

물론 이런 이야기들은 적어도 1500여 년 이전의 것이라 지금으로서는 지나치게 느껴지는 부분 또한 있다. 그러나 우리는 이런 훌륭한 과거를 현대화된 스포츠 검도에도 접목시켜 교육적이고 품위있는 예법으로 승화시켜 지켜가야 할 것이다.

2). 다섯가지 예

국기(국가)에 대한 예

국기에 대한 예는 오른손을 왼쪽 가슴에 대는 일반적인 것을 말한다. 도장에는 모두 국기를 걸어 놓고 있으므로 수련을 시작할 때와 끝날 때 이 예를 행한다.

도장에 대한 예

도장을 드나드는 사람들은 들어오고 나갈 때 반드시 자기의 수양처(修養處)인 도장에 감사하는 뜻으로 가볍게 입례를 한다. 간혹 이 예를 국기에 대한 예로 알고 왼쪽 가슴에 손을 얹는 인사법을 하는 사람이 있는데, 이는 잘못된 것이다. 가정에서 집을 나가거나 돌아왔을 때 '다녀오겠습니다', '다녀왔습니다.'하는 경우와 같다. 흔히 이런 예절을 어린이 혹은 배우는 사람만 하는 것쯤으로 여겨 수련을 조금이라도 한 사람은 행하지 않는 경우가 많은데, 이는 고쳐져야 한다.

사범에 대한 예

스승에 대한 예이다. 배우는 사람이 가르치는 사람에게 하는 예인만큼 정중해야 하며, 받는 사람 또한 소홀히 대해서는 안 된다. 요즘 어린 학생들이 흔히 도장 사범에게 '사범님'하고 부르는데 이는 좋지 않다. 대학생들이 교수를 '교수님'이라고 부르는 것이나 마찬가지이다. 호칭으로서는 '선생님'이 더 바람직하다. 조선조 유학자의 태두였던 퇴계 선생께서도 선생으로 불리는 것을 사양했을 정도로 '선생님'이 대우받는 존칭임을 알아야 한다. '사범'이나 '교수'는 직업의 명칭이며 대접하는 호칭이 아니다.

상호 간의 예

경기나 연습을 할 때 상대와 하는 예, 또는 동배 간에 하는 예이다. 가끔 상대 선수에게 적대감을 가지고 있거나 경기에 져서 분하다는 생각에 예를 소홀히 하는 경우를 보게 되는데, 이것은 지도자의 책임이니 크게 반성할 일이다. 상대가 있어야 내가 있고 상대를 존중해야 나도 존중받는 것이니 이를 소홀히 하면 자기 수양을 으뜸으로 치는 검도 자체가 무의미하다.

제자나 후배에게 하는 예

도장 안에서나 밖에서나 꼭 아랫사람이 먼저 예를 해야만 윗사람이 받아주는 것이 아니며, 먼저 본 사람이 예를 유도하는 것이 예의 본질에 어긋나지 않는다. 다만 아랫사람(배우는 사람)이 항상 주의해서 마음의 준비를 갖추고 있는 것이 좋다.

3). 입례와 좌례

입례(立禮)

두 발을 모으고 보통 차렷 자세에서 자연스럽게 허리를 굽혀 하는 예를 말한다. 웃어른(고단자 선생, 사범)께는 허를 약 30도 정도 굽혀 인사하고 경기의 상대자나 동배, 선후배끼리는 약 15도에서 20정도 굽혀 인사를 한다. 이때 주의할 점은 눈을 치뜨고 상대를 본다든지 목을 까딱거리거나 엉덩이를 뒤로 쑥 내밀거나 혹은 고개를 너무 숙이지 말아야 한다.

좌례(座禮)

무릎을 꿇고 엎드려 하는 인사로, 흔히 웃어른께 하는 큰절이다. 이때 고개를 너무 숙여 땅에 닿듯이 하거나 발가락을 세우고 해서는 안 된다. 허리를 굽혀 정중히 하며 양손은 공손하게 무릎 앞에서 약간 팔자가 되도록 짚어야 한다.

간혹 ‘엎드릴 때는 왼손을 먼저 짚고 오른손은 나중에 짚으며 일어날 때는 그 반대로 한다.’고 손을 짚는 순서까지 주장을 하기도 하는데, 이것은 원래의 예법이 아니다. 또한 공손함이 지나쳐 두 손을 포개 짚고 엎드리는 것도 무인(武人)의 예라 할 수 없다.

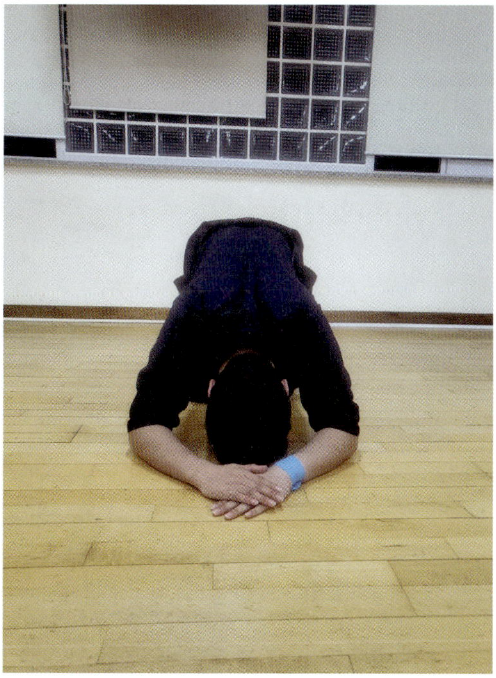

4) 그 외의 예

경기 또는 연습 시의 예

시작할 때 서로 일정한 거리(약9보)에서 든칼(제도)자세로 마주서서 입례를 한 뒤, 찬칼(대도)자세를 하고 크게 세 걸음 앞으로 나아가 칼을 뽑는다.

끝날 때는 칼을 꽂고 시작할 때의 위치로 물러나온 뒤 다시 든칼 자세로 바꾸어 입례를 한다.

칼에 대한 예

칼(죽도 · 목도 · 도)은 검도 수련에서 가장 중요한 도구이므로 항상 소중하게 다루어야 한다. 죽도를 바닥에 짚고 선다거나, 던지거나 넘어다니지 않도록 조심해야 한다. 죽도나 목도는 칼이 아니라고 생각하여 함부로 장난을 하거나 소홀이 해서는 안 된다. 도장이나 경기장에서는 항상 오른손으로 들고 다니는 것이 바람직하며 칼을 뽑고자 할 때만 왼손으로 바꾸어 든다. 도의 경우는 대개 날이 서 있으므로 특히 조심해서 다루어야 한다. 주고받을 때는 반드시 두 손으로 하며 주는 쪽에서는 왼손이 칼집의 입, 오른손이 칼집의 중간 부분을 잡고 칼등이 상대를 향하도록 한다. 남의 칼을 허락 없이 만져서는 안 되며 칼날에 맨손을 대는 것을 금한다.

4. 용구(用具)

도복

상의와 하의 둘로 나뉘어 있으며, 이를 통틀어 검도복 혹은 도복, 단련복이라고 부른다. 상의는 저고리, 하의는 바지라 한다. 상의는 대개 누빈 것으로 땀의 흡수를 위해 겹으로 한다. 하의는 폭이 넓은 바지를 주로 입는다.

죽도

죽도는 대나무 칼이라는 뜻이다. 조선 초기에는 통대로 된 봉으로 사용하였고 일본에서도 초기에는 통대에 가죽주머니를 씌워서 죽도를 대신 하였다.

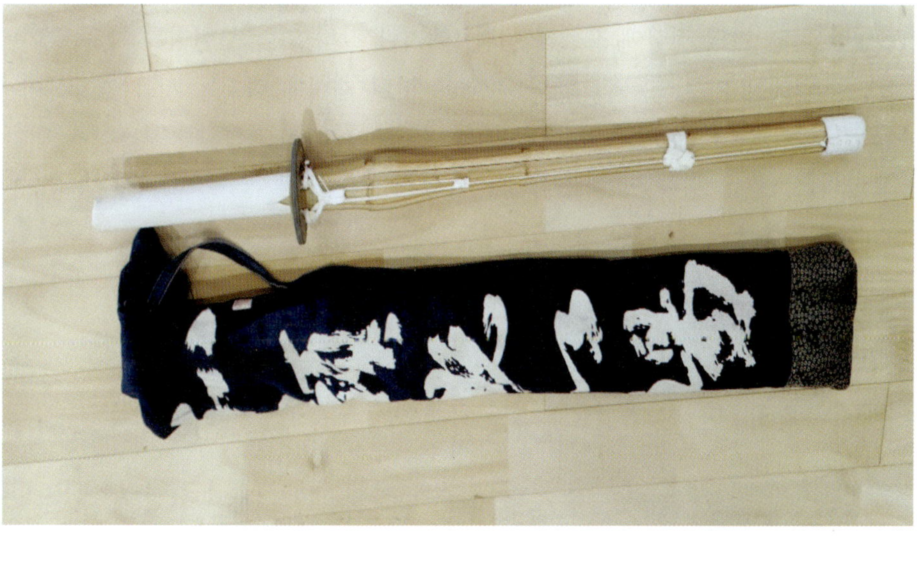

목도(木刀)

다 긴 칼(大刀)과 짧은 칼(小刀)로 구분한다.

도(刀)

사진 상단은 칼집이고 바로 밑은 칼이다. 칼은 고단자에 한해서 검법이나 본에만 사용한다. 요즘 짚단 및 대나무 베기가 유행해서 하단자, 심지어는 다른 무술에서도 짚단이나 대나무를 칼로 베는 것이 진짜 검도라고 잘못 알려지고 있다. 검도유단자(2단,3단 정도)라면 베게는 100일만 하면 거의 정상에 오르게 된다. 베기란 칼의 역학적 원리를 아는 것이지 실제 겨루기(대련공부)에는 아무 도움이 되지 못한다. 헛된 재미에 빠지는 것을 경계해야 한다.

호구(護具)

① 호면: 목 윗부분을 보호한다.

② 갑: 허리와 몸통부분을 보호한다.

③ 갑상: 허리 아래에서 허벅지 부분까지 보호한다.

④ 호완: 손에서 팔목 윗부분까지 보호한다.

5. 기본동작

자연체

허리칼

뽑아칼

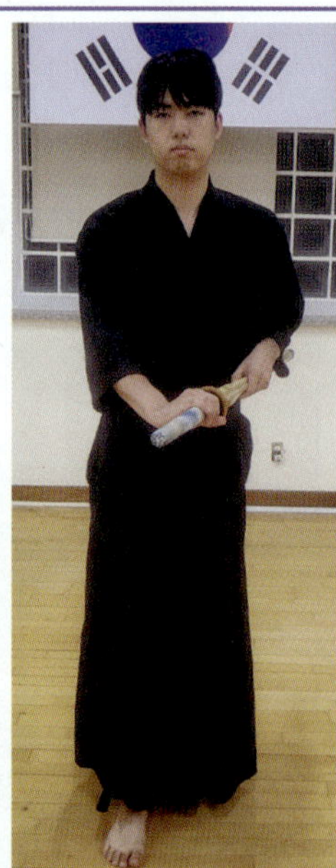

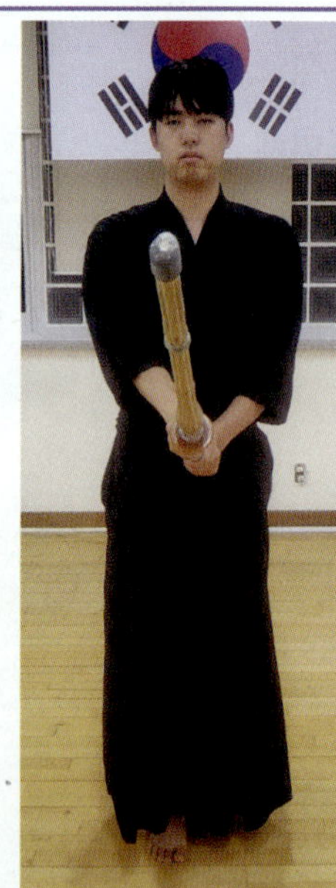

꽃아칼

파지법(죽도잡는법)

손바닥은 장심과 장근 그리고 다섯 손가락으로 구분된다. 손바닥의 쥐고 푸는 요령이 검도의 가장 중요한 기초이며, 또한 가장 어려운 수수께끼이다. 문제는 어떻게 하면 효과적이고 합리적으로 칼 끝에 힘이 전달되게 하여 유효격자를 얻느냐 하는 것이다.

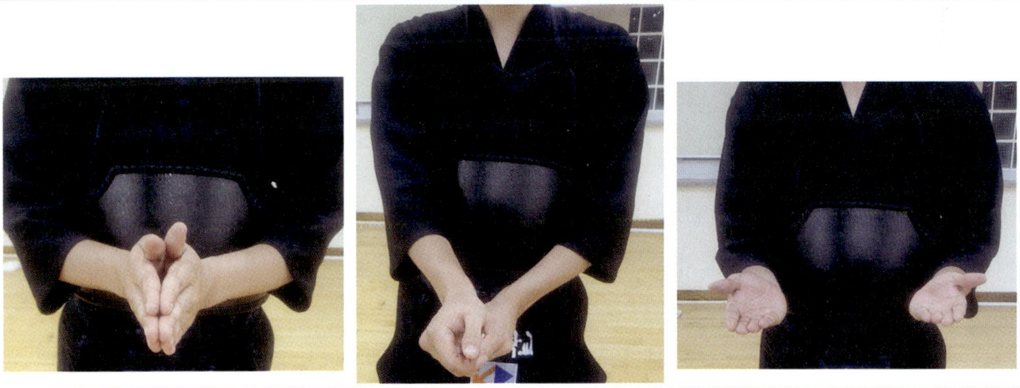

※ 파지법 주의사항

- 어깨에 힘을 빼고 아랫배에 힘을 준다.
- 팔꿈치는 굽혀져 있어야 하고 옆으로 튀어나와서는 안 된다.

- 죽도는 손바닥을 둥글게 하여 그 안에 가볍게 밀어 넣은 듯이 느껴질 정도가 좋다. 손바닥에 힘을 주어 잡는 것은 나쁘다. 꽉 잡으면 힘이 들어가지 못하므로 특히 유의해야 한다. 죽도가 배꼽에서 돋아나온 몸이 일부처럼 느껴지면 아주 좋다.
- 죽도를 사용할 때는 어떤 경우이든 새끼손가락이 슴베와 떨려져서는 안 된다. 새끼손가락은 항상 슴베에 가볍게 붙어 있어야 한다.
- 양손의 회목은 언제나 같은 방향, 일정한 속도와 박자로 움직여야 하며 찌를 때나 칠 때는 약간 안으로 조이고(손바닥의 아래쪽 장근과 새끼손가락에서 엄지로 올라가며)힘을 가하며 왼손은 특별한 경아가 아니면 정중선을 벗어나지 않도록 한다. 회목의 조임은 왼손과 오른손이 동시에 이루어 지도록 하며, 오른손이 먼저 움직이는 동작은 잘못된 것이다.

족법(足法)

발의 움직임은 상식적으로는 걷기와 뛰기(일반적으로 자연스럽게 걸어다니거나 뛰어다닐 때의 크기)로 이루어지나 검도에서는 고단자가 될 때까지는 밀어걷기와 밀어뛰ㅣ기를 기본으로 삼는 것이 좋다. 이어걷기, 벌려짚기, 겹쳐짚기, 위로 뛰기, 좌우로 틀어 걷기 등이 있으나 이는 숙련의 정도에 따라 자연스럽게 터득할 수 있다.

신법(身法)

검도에서는 흔히 기검체(氣劍體)가 일치되어야 한다고 말한다. 특히 검과 체의 균형이 중요한데, 공격이나 방어를 할 때 상체와 하체가 일치되지 않으면 몸 자체의 균형이 깨어져 효과를 얻지 못한다.

신법이란 바로 칼을 잡은 손, 팔과 어깨 그리고 운동의 중심인 허리, 발의 움직임 등이 복합적으로 어우러져 역학적 · 생리학적으로 운동의 기능을 최대한으로 발휘할 수 있게 하는 방법이다. 운동이란 몸을 짙냉하는 골격이 근육의 도움을 받아 구부리고 펴고 틀고 하면서 이루어지는 것이다. 검도에서는 특히 허리의 힘이 중요시되는데, 허리와 단전에 기가 모아져야 유효격자가 이루어지기 때문이다.

그래서 검도는 시작할 때부터 허리운동을 제대로 배워야 한다. 그렇다고 무슨 특별한 방법이 있는 것은 아니다. 기초를 배울 때부터 허리를 바르게 펴고 호흡을 아랫배로 하나는 습관을 들이면 자연히 좋아진다. 기초를 배울 때부터 허리를 바르게 펴고 호흡을 아랫배로 하는 습관을 들이면 자연히 좋아진다. 다만 소리를 내는 것, 즉 기합성(氣合聲)은 허리운동에 결정적인 요체가 되므로 소홀히 해서는 안 될 것이다.

족법에 따라 몸을 움직일 때나 전후좌우 또는 방향을 바꾸거나 하여 몸을 틀 때도 발이 먼저 움직이는 것이 아니고 반드시 몸의 중심인 단전, 곧 아랫배가 주체가 되어 움직인다고 생각해야 한다. 이때 뒤를 받치는 것이 허리인데 오른발과 왼발의 엄지방향과 척추와 단전 연결선(가성선)이 내천자(川)꼴로 있다고 느껴지는 것이 좋다.

움직일 때는 무릎을 구부려서는 안 된다. 그렇다고 뻗정다리처럼 뻣뻣하게 하라는 뜻은 아니다. 특히 왼발은 발바닥을 세워서는 안 되고 발바닥 앞면에 힘을 주면서 그 힘으로 몸의 중심이동을 해야 한다. 이것 역시 몸으로 배워야 하는 부분이다. 끝없는 반복을 통해서만 좋은 매무새가 생긴다. 발구르기를 할 때는 오른발을 높이 들면 공격의 속도가 느려지므로 바닥에서 한 뼘 정도 들어 앞으로 힘차게 뛰어나가며 굴러야 한다. 첫 번째와 두 번째는 나쁜 자세이고 세 번째는 좋은 자세이다.

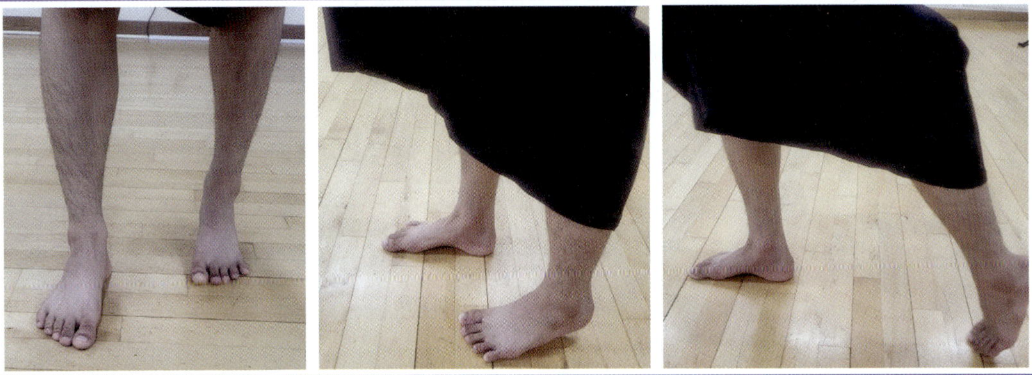

안법(眼法)

눈을 보면 상대를 알 수 있다고 한다. 이 말은 눈을 통해서 상대의 마음을 읽어야 한다는 뜻이다. 눈은 마음을 움직이고 마음은 몸을 움직인다. 검도에서는 상대의 눈을 놓치면 모든 것을 잃게 된다. 비단 검도뿐만 아니라 모든 무도(武道), 더 나아가서 상대가 있는 스포츠라면 모두 그러하지만, 특히 검도에서 눈을 중요시하는 까닭은 한칼에 승부가 나기 때문이다. (물론 현대검도는 스포츠라 생명이 걸린 문제는 아니지만)눈 한 번 깜짝할 사이에 생사가 갈리는 셈이니 예로부터의 전통이 그대로 지켜지고 있기도 하거니ㅣ와 오늘날의 검도 역시 한순간에 승패가 결정되는 경기인 까닭이다.

'상대를 본다'라고 할 때 상(相)이라는 글자에 이미 눈(目)이 들어 있어 본다는 뜻을 포함하고 있다. 문제는 어떻게 보느냐 하는 것이다. 우리가 흔히 쓰는 말 중에 노려본다, 째려본다, 뚫어지게 본다, 흘겨본다, 빤히 본다, 우습게 본다, 얕본다 등이 뜻하는 바는 상대를 보는데 따라 속마음이 눈을 통해 표출된다는 것이다. 또 눈빛이 맑다, 흐리다, 호수 같다,

쏘는 것 같다, 이글대는 것 같다, 빨려드는 것 같다, 별빛 같다 등의 말들은 그 사람 자체의 인격이나 수련 혹은 수양의 도를 가늠하게끔 해준다.

검도를 배우는 사람에게는 눈싸움을 먼저 가르치고 계속해서 이를 반복하도록 해야 한다. 상대의 눈을 보고 모든 움직임을 알게 하기 위해서이다. 안법을 제대로 익히면 눈만 보고도 상대의 움직임을 예지할 수 있게 된다. 처음부터 특별한 법이 있는 것은 아니고 여럿이 돌아가며 하루에 서너 번씩 눈싸움을 시키면 1년 내에 큰 효과를 보게 될 것이다.

호흡법(呼吸法)

호흡에는 크게 세 가지가 있다. 첫째는 평상시의 호흡으로, 본인도 모르게 이루어지는 생명의호흡이다. 둘째는 호와 흡의 시간을 길게 하는 것이다. 서서히 깊이 들이마시고 역시 서서히 길게 내쉰다. 셋째가 호화 흡의 사이에 시간을 두는 것이다. 충분히 들이쉰 후 단전에 힘을 넣고 한참 숨을 멈추었다가 다시 내쉬는 것이다. 두 번째와 세 번째는 또 제가각의 많은 방법이 있으나 움직이면서 하는 호흡은 아니다. 이런 호흡법은 숨을 고르거나 심신을 맑게 하는데 필요한 것으로, 정좌하고 묵상할 때 늘 계속하면 좋다. 100m를 달리는 육상선수는 출발 전에 숨을 충분히 들이마시며, 달리는 동안에는 숨을 쉬지 않는다. 검도경기에서 이런 경우는 없다. 그러나 유단자가 되면 연격을 할 때나 연공연습을 할 때는 100m 육상선수와 같이 어느 정도 숨을 멈추고 혼신의 힘을 다해 강도 높은 타격이 이루어지도록 해야 한다. 이렇게 하면 자기도 모르게 호흡조절이 이루어지고 기력도 따라서 강화되는 것이다. 경기 때는 자연히 형상호흡이 이루어니나 훈련이 부족하면 숨이 가쁘고 몸이 중심을 잃게 된다. 그래서 검도인에게는 특별한 호흡법보다는 평소에 꾸준히 대련하는 것이 무엇보다 중요하다.

6. 후리기

1) 격자부위

검도에서 격자부위는 다음과 같다.

■ 머리

■ 손목

■ 허리

■ 목

2) 후리기

후리기란 죽도를 잡고 하는 가장 기초적인 것이다. 뒤로 넘기는 것은 그 각도를 가감해서 조절할 수 있다. 이것은 타격보다는 검선(劍仙)의 방향감각을 알게 하는 것으로, 동시에 준비운동과 정리운동을 겸한다. 몸을 전후좌우로 이동하면서 후리기를 할 때는 반드시 죽도를 들어 넘기고 다시 앞으로 크게 되돌려 후릴 때 발이 움직여야 하며, 왼손은 필히 정중선을 따라 상하운동을 한다. 검선은 되도록 크게 호를 그릴 수 있어야 한다.

정면후리기

죽도를 뽑아칼 하여 중단으로 한 후 발의 모양을 '앞으로', '뒤로' 하면서 후리기를 한다. 후리기를 할 때는 칼을 크게 뒤로 넘긴다.

좌우면후리기

발의 모양은 '앞으로', '뒤로', 혹은 '우로', '좌로' 하면서 후리기는 좌우로 한다.

3) 머리치기

정면과 좌우면이 있다. 요령은 후리기와 비슷하다. 다만 칼끝의 높이에 따라 양손의 위치가 다를 뿐이다.

3동작 머리치기

죽도를 뽑아 중단으로 한 후 '하나'의 구령에 죽도를 들어올리고 '둘'의 구령에 죽도를 가사아의 상대 머리높이로 내린다. '셋' 구령에 원위치로 돌아온다. 다만 '앞으로', '뒤로'에 따라 앞으로 갈 때는 오른발이 먼저 나가고 왼발이 따라가며, 뒤로 갈 때는 왼발이 먼저 뒤로 나가고 오른발이 따라 붙는 게 다를 뿐이다.

2동작 머리치기

중단세에서 구령 '하나'에 올리고 내리는 것을 함께 하고 '둘'에 뒤로(원위치)돌아온다.

1동작 머리치기(연속동작 머리치기)

2동작에서 머리 치고 제자리로 오면서 가운데칼(중단세)하는 동작을 빼고, 앞으로 나가며 '하나'에 머리를 치고 같은 요령으로 '둘'에 뒤로 물러나며 또 머리를 친다. 다시 말해서 앞뒤로 계속해서 움직이며 머리를 치는 것이 바로 1동작 머리치기, 곧 연속동작 머리치기가 되는 것이다. 발의 움직임은 2동작과 같다.

빠른 동작 머리치기(연속동작 머리치기)

앞뒤로 뛰면서 움직이기 때문에 발의 모양이 달라진다. 죽도를 치는 것은 1동작 머리치기와 같다. 단, 빠른 머리치기는 먼저 죽도를 들고 몸이 앞으로 나갈 때 치고 뒤로 들어올 때 들어올리는 운동을 반복해야 한다. 앞으로 뛰어나가며 치는 것이기 때문에 뒤로 올 때 들어올려서 다시 앞으로 나가는 준비동작을 하는 것이다. 그래서 죽도가 위의칼(상단세)의 형태로 되는 것이다. 발의 모양이 밀어걷기와 다르기 때문에 시작할 때 주의해야 한다.

4) 손목치기와 허리치기

손목치기

손목치기는 그 동작이 머리치기와 거의 같다. 다만 칼끝의 높이가 상대의 손목 정도로 내려가게 되는 것이 다를 뿐이다. 머리치기가 숙달되면 손목치기는 자연히 터득할 수 있으므로 특별히 강조할 필요는 없다.

기초를 지도할 때는 2동작 치기를 반복시키면서 손목의 높이를 조절하게 하고 양 손목을 두드럽게 조이며 칠 수 있게 유의하면 된다.

허리치기

허리치기는 정면에서 아래로 내려치는 것이 아니고 비스듬히(약 15~45도)빗겨 내려치는 것이므로 시작할 때 잘 배워야 한다. 원칙은 칼을 들고 사선을 그리며 칼을 내리면서 상대의 허리를 치는 것이다. 이때 발은 빗겨서 옆으로 나가게 된다.

허리치기 역시 3동작, 2동작, 1동작을 하면서 반복연습 할 수 있다. 특히 2동작을 많이 연습하는 것이 좋다. 고단자라도 각도를 가늠하기 위해 자주 연습해야 한다. 특히 2동작은 뒤꿈치를 끌어서는 안 되며 힘 있고 빠르게 밀어 붙여야(당겨야) 한다.

찌름

찌름은 양손찌름을 원칙으로 하며, 찌름은 2동작과 1동작만 한다. 바른찌름, 안찌름, 바깥찌름, 내려찌름, 올려찌름 등으로 구분할 수 있고, 부위 역시 목과 가슴으로 나눈다. 바른찌름은 기본으로 하며 이것을 숙달하면 다른 기술은 차차 자연스럽게 터득할 수 있다.

5) 공간연습

발구르기

검도에서는 대개 득점부위를 격자할 때 오른발로 구르면서 검과 체가 일치되게 한다. 여기에 기를 넣어 소위 기검체 일치라고 한다. 특별한 경우를 제외하고는 발을 구르며 허리에 힘을 넣어야 몸과 죽도의 균형이 잡히고 힘의 강도가 높아진다.

중단세로 서 있다가 왼발로 몸을 앞으로 밀어서 뛰어나가듯 오른발이 나가며 발을 구른다. 발 구르기의 기본은 머리치기를 주로 한다. 즉 상대의 머리를 치는 형태는 앞으로 뛰어 나가는 것이다. 특히 유의해야 할 점은 오른발의 높이로, 바닥엣 한 뼘 이상 줄지 않도록 하고 보폭은 지나치게 넓게 벌리는 것을 금한다. 숙달되면 자연히 몸에 배어 너비를 가감할 수 있게 된다. 오른발을 구른 후 왼발이 즉시 빠르게 따라 붙도록 해야 하며 왼발을 끌어서는 안 된다.

죽도를 든 손의 모양은 1동작 머리치기와 같게 하는 것이 균형도 이룰 수 있고 혼동이 없다. 처음 시작할 때는 반드시 먼저 들어올리고 앞으로 나가며 발구르기를 한다. 이때 기합성을 내는데 목에 걸린 듯한 소리는 좋지 않고,m 아랫배에서 우러나오도록 해야 한다. 기초공부를 할 때부터 소리내기를 계속하게 되면 기합성은 자연스럽게 나온다. 되도록 크고 우렁차게 하는데 야외에서 수련할 때 별도로 집중 연습하는 방법도 있다.

공간 연습의 종류

① 머리치기

② 손목치기

③ 허리치기

④ 찌름

⑤ 연타치기(손목머리, 손목허리, 찌름머리 등)

※ 주의사항

몸을 움직일 때 절대로 죽도를 든 손이 미리 앞으로 나가서는 안 된다는 것이다. 반드시 가상의 상대를 생각하고 칼끝으로 상대의 목을 겨눈다. 이 상태에서 왼 주먹은 배꼽 밑에 놓고 함부로 움직이지 않는다. 치거나 찌를 때 비로소 동작에 따라 나아가게 해야 한다.

6) 타격대 연습

동 타격대를 놓고 실제로 머리, 허리, 손목, 찌름 등의 부위를 치고 찌르는 연습이다. 처음 시작할 때부터 바른 동작으로 정확하게 치고 찌르는 연습을 해야 하는 것을 물론이고, 죽도의 유효 타격부위에도 유의해야 한다. 이 연습이 잘 되면 호구를 착용한 후에 좋은 효과를 얻을 수 있다. 또한 초보자들이 처음부터 지나치게 세게 타격대를 치는 것은 바람직하지 못하니 주의해야 한다. 부드럽고 정확하게 반복하면 차츰 힘 생기게 된다.

7. 대련공부

연격

대련에서 가장 으뜸이 되는 것이 연격이다. 이 연격 속에 대련의 모든 기본이 들어 있다고 할 수 있다. 따라서 연격을 정확하게 배워 놓으면 기능의 발전에 크게 도움이 된다. 보통 9번의 연속 좌·우면을 치게 하는 약속형식의 제한 연격과, 경우에 따라 받아주는 쪽이 계속해서 앞뒤로 움직이면서 몇 십 번이고 좌·우면을 받아주는 무한 연격이 있다.

제한연격이나 무한연격 모두 받아주는 쪽이 치는 쪽을 지도하는 입장에서 끌어가야 하며, 특히 초보자에게 연격을 가르칠 때는 실제로 정확하게 좌·우면을 치게 하면서 죽도의 치는 각도와 자세를 확실하게 익히도록 해야 한다. 치음부터 빠르게 치거나 세게 치면 나쁜 버릇이 생기게 되니 조심해야 한다.

몸 받음은 상대를 타격한 후 즉시 죽도를 잡은 양손을 가슴 높이로 하여 순간적으로 힘을 모아 상대에게 충격을 가할 목적으로 부딪쳐 가는 행위를 말한다. 이때 손으로만 미는 것이 아니고 단전의 힘과 허리의 탄력으로 짧고 강하게 몸을 받아야 하며, 죽도는 거의 수직으로 세워야 한다. 계속적으로 미는 것은 몸받음이 아니다.

연격을 할 때는 대(大), 강(强), 속(速), 경(輕)의 원리에 입각하여 실시하는 것이 효과적이다.

- 대(大): 모든 동작은 큰 동작으로 한다.
- 강(强): 바른 자세와 동작으로 강한 공격을 해야 한다.
- 속(速): 동작을 크고 빠르게 진행시켜야 한다.
- 경(輕): 모든 동작들과 몸놀림이 가볍고 유연하게 진행되어야 한다.

연격의 원리와 효과는 다음과 같다.

1) 바른 자세와 격자 습관을 기를 수 있다.
2) 원활하고 민첩한 발의 운용법을 향상 시킨다.
3) 거리감을 길러준다.
4) 호흡법을 길러준다.
5) 왕성한 기력을 향상 시킨다.
6) 타격 감각이 좋아지고, 죽도를 잡는 손의 운영이 좋아지며 격자가 강하된다.
7) 상대와의 거리 감각이 생긴다.

■ 연격을 하는 자

■ 연격을 받는 자

연격을 받는 쪽도 짧게 끊어치는 기분으로 좌우로 치고 나오는 상대의 죽도를 정중성에서 크게 벗어나지 않는 범위에서(사진의 형태대로)받아주며 4보 뒤로 물러났다가 다시 5보 앞으로 나가며 받아 마친다.

치기(머리 · 손목 · 허리)

이미 득점부위를 설명한 대로 관자놀이 위쪽의 정면 · 좌면 · 우면의 머리, 양손목, 그리고 왼쪽 · 오른쪽의 허리가 치는 부위가 된다. 그 중에서도 정면머리와 오른손목, 오른쪽 허리가 주된 대상이며, 특수한 경우에는 왼손목 또는 왼쪽 허리 그리고 좌 · 우면을 칠 때도 있으나 삼가는 것이 좋다. 칠 때는 언제나 가운데 칼겨눔(中段對敵勢)에서 찌르듯이 한 발짝(30~40cm)쯤 빠르게 들어가 오른발을 구르며 즉시 치도록 하는 습관을 들이도록 한다.

■ 머리치기: 큰머리 치기, 작은 머리치기

■ 손목치기: 큰손목 치기, 작은손목 치기

■ 허리치기: 큰허리 치기, 작은허리 치기

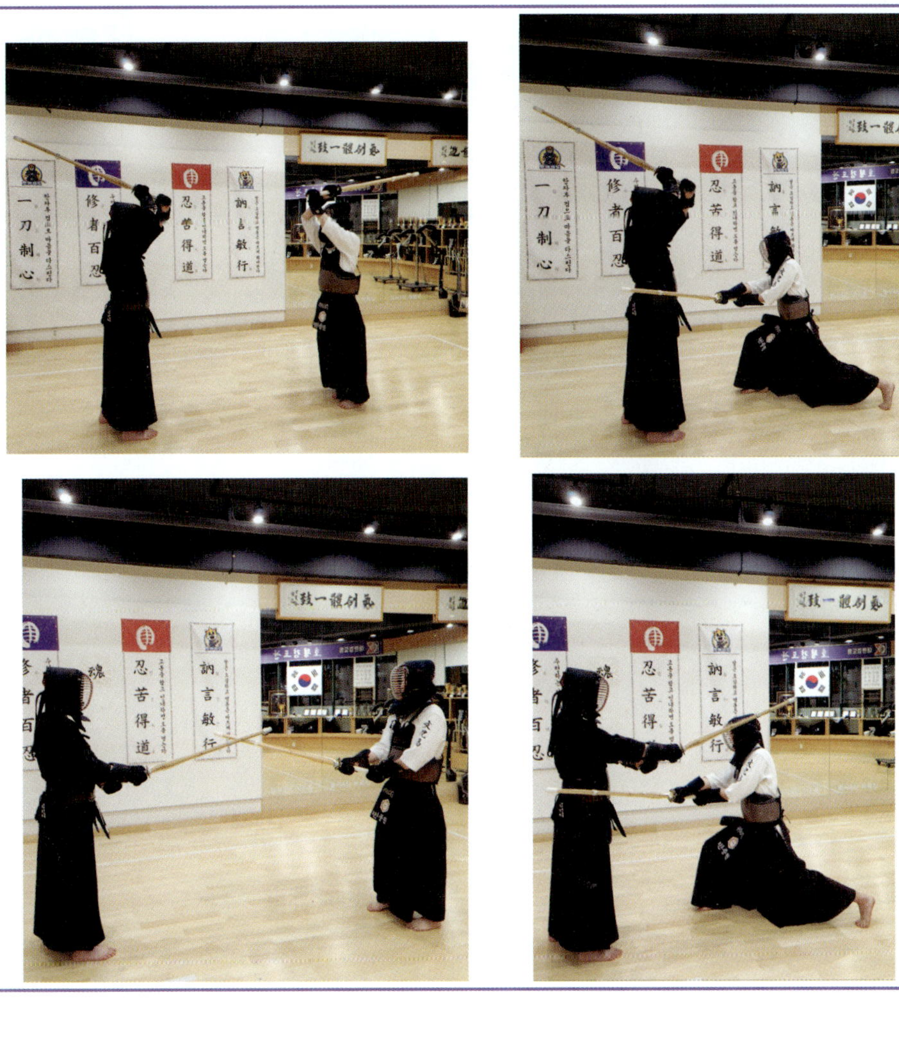

찌름

손으로 찌름을 원칙으로 한다(한손 찌름은 왼손으로만 찔러야 하며 발은 오른발 혹은 왼발이 나가며 찌를 수도 있다.)

찌름 역시 물러가는 상대에게는 효과가 없으며 멈칫대거나 나오려는 순간을 이용해야 한다. 왼 주먹이 정중선을 따라 앞으로 두 주먹 내지 세 주먹 정도 밀어나가며 찌르는 것 합당하다. 지나치게 양손을 앞으로 뻗으면 빗겨나가게 되니 조심해야 한다.

■ 목찌름: 바른찌름, 한손찌름

8. 검도 주차별 강의계획서

주차별 학습내용			
주차	관련하위역량 (Keyword/능력단위요소)	수업내용	비고
1	대면 수업 (o.t) 1. 수업방향 2. 성적부여방법	■ 검도를 익힐 수 있다. ■ 검도를 통해 예의를 익힐 수 있다. [기술] ■ 검도 종류에 따른 적응력을 기를 수 있다. ■ 검도를 통한 인간관계회복 능력을 기른다. ■ 생활 검도를 상대방에게 지도할 수 있는 능력을 기른다. [태도] ■ 검도를 통해 안전의 중요성을 이해한다. ■ 검도 능력을 향상 시킬 수 있는 개념을 이해한다.	대면 수업을 통한 검도기술 습득 사진으로 설명하고 실제로 동작을 익힐 수 있도록 직접 제작한 동영상 탑재
2	1. 검도습득을 위한 기본자세 이해하기 2. 검도 강화를 위한 전환법	1.1 검도를 위한 신체방어활동의 종류와 실행방법을 설명할 수 있다. [지식] ■ 생활검도의 개념 및 중요성 이해 ■ 검도 수련방법 이해 ■ 검도를 익힐 수 있다. ■ 검도보법을 익힐 수 있다. [기술] ■ 검도 종류에 따른 적응력을 기를 수 있다. ■ 검도를 통한 인간관계회복 능력을 기른다. ■ 생활 검도를 상대방에게 지도할 수 있는 능력을 기른다. [태도] ■ 검도를 통해 안전의 중요성을 이해한다. ■ 검도 능력을 향상 시킬 수 있는 기	대면 수업을 통한 검도기술 습득 사진으로 설명하고 실제로 동작을 익힐 수 있도록 직접 제작한 동영상 탑재

<table>
<tr><th colspan="4">주차별 학습내용</th></tr>
<tr><th>주차</th><th>관련하위역량
(Keyword/능력단위요소)</th><th>수업내용</th><th>비고</th></tr>
<tr><td></td><td></td><td>술을 상호 교환한다.</td><td></td></tr>
<tr><td>3</td><td>1. 인체강화를 위한 단전 호흡법 이해하기
2. 검도1- 기초 손빼기의 이해 및 실습</td><td>1.1 검도기초원리를 중심으로 직접 수련효과에 대해 설명할 수 있다.

[지식]
■ 생활검도의 개념 및 중요성 이해
■ 검도 수련방법 이해
■ 검도를 익힐 수 있다.
■ 검도의 본을 익힐 수 있다.

[기술]
■ 검도 종류에 따른 적응력을 기를 수 있다.
■ 검도를 통한 인간관계회복 능력을 기른다.
■ 생활 검도를 상대방에게 지도할 수 있는 능력을 기른다.

[태도]
■ 검도를 통해 안전의 중요성을 이해한다.
■ 검도 능력을 향상 시킬 수 있는 기술을 상호 교환한다.</td><td>대면 수업을 통한 검도기술 습득 사진으로 설명하고 실제로 동작을 익힐 수 있도록 직접 제작한 동영상 탑재</td></tr>
<tr><td>4</td><td>1. 검도2- 손목치기</td><td>1.1 검도 실습 중 주의사항을 이해할 수 있다.

[지식]
■ 생활검도의 개념 및 중요성 이해
■ 검도 수련방법 이해
■ 검도를 익힐 수 있다.
■ 검도의 본을 익힐 수 있다.

[기술]
■ 검도 종류에 따른 적응력을 기를 수 있다.
■ 검도를 통한 인간관계회복 능력을 기른다.
■ 생활 검도를 상대방에게 지도할 수 있는 능력을 기른다.</td><td>대면 수업을 통한 검도기술 습득 사진으로 설명하고 실제로 동작을 익힐 수 있도록 직접 제작한 동영상 탑재</td></tr>
</table>

주차별 학습내용			
주차	관련하위역량 (Keyword/능력단위요소)	수업내용	비고
		[태도] ▪ 검도를 통해 안전의 중요성을 이해한다. ▪ 검도 능력을 향상 시킬 수 있는 기술을 상호 교환한다.	
5	1. 검도2-	1.1 검도에 대한 개념을 이해하고 설명할 수 있다. 1.2 검도 실습 중 주의사항을 이해할 수 있다. [지식] ▪ 생활검도의 개념 및 중요성 이해 ▪ 검도 수련방법 이해 ▪ 검도를 익힐 수 있다. ▪ 검도의 본을 익힐 수 있다. [기술] ▪ 검도 종류에 따른 적응력을 기를 수 있다. ▪ 검도를 통한 인간관계회복 능력을 기른다. ▪ 생활 검도를 상대방에게 지도할 수 있는 능력을 기른다. [태도] ▪ 검도를 통해 안전의 중요성을 이해한다. ▪ 검도 능력을 향상 시킬 수 있는 기술을 상호 교환한다.	대면 수업을 통한 검도기술 습득 사진으로 설명하고 실제로 동작을 익힐 수 있도록 직접 제작한 동영상 탑재
6	검도의 본	1.1 검도 실습 중 주의사항을 이해할 수 있다. [지식] ▪ 생활검도의 개념 및 중요성 이해 ▪ 검도 수련방법 이해 ▪ 검도를 익힐 수 있다. ▪ 검도의 본을 익힐 수 있다. [기술]	대면 수업을 통한 검도기술 습득 사진으로 설명하고 실제로 동작을 익힐 수 있도록 직접 제작한 동영상 탑재

주차별 학습내용			
주차	관련하위역량 (Keyword/능력단위요소)	수업내용	비고
		▪ 검도 종류에 따른 적응력을 기를 수 있다. ▪ 검도를 통한 인간관계회복 능력을 기른다. ▪ 생활 검도를 상대방에게 지도할 수 있는 능력을 기른다. [태도] ▪ 검도를 통해 안전의 중요성을 이해한다. ▪ 검도 능력을 향상 시킬 수 있는 기술을 상호 교환한다.	
7	검도의 스텝	1.1 검도 실습 중 주의사항을 이해할 수 있다. [지식] ▪ 생활검도의 개념 및 중요성 이해 ▪ 검도 수련방법 이해 ▪ 검도를 익힐 수 있다. ▪ 검도의 본을 익힐 수 있다. [기술] ▪ 검도 종류에 따른 적응력을 기를 수 있다. ▪ 검도를 통한 인간관계회복 능력을 기른다. ▪ 생활 검도를 상대방에게 지도할 수 있는 능력을 기른다. [태도] ▪ 검도를 통해 안전의 중요성을 이해한다. ▪ 검도 능력을 향상 시킬 수 있는 기술을 상호 교환한다.	대면 수업을 통한 검도기술 습득 사진으로 설명하고 실제로 동작을 익힐 수 있도록 직접 제작한 동영상 탑재
8	직무능력평가1 실시	1. 검도 실습 중 주의사항을 이해할 수 있다. [지식] ▪ 생활검도의 개념 및 중요성 이해	대면 수업을 통한 검도기술 습득 사진으로 설명하고 실제로 동작을 익힐 수 있도록 직접 제작한 동영상 탑재

주차별 학습내용			
주차	관련하위역량 (Keyword/능력단위요소)	수업내용	비고
		▪ 검도 수련방법 이해 ▪ 검도를 익힐 수 있다. ▪ 검도의 본을 익힐 수 있다. [기술] ▪ 검도 종류에 따른 적응력을 기를 수 있다. ▪ 검도를 통한 인간관계회복 능력을 기른다. ▪ 생활 검도를 상대방에게 지도할 수 있는 능력을 기른다. [태도] ▪ 검도를 통해 안전의 중요성을 이해한다. ▪ 검도 능력을 향상 시킬 수 있는 기술을 상호 교환한다.	
9	1. 연격1	1.1 검도 실습 중 주의사항을 이해할 수 있다. [지식] ▪ 생활검도의 개념 및 중요성 이해 ▪ 검도 수련방법 이해 ▪ 검도를 익힐 수 있다. ▪ 검도의 본을 익힐 수 있다. [기술] ▪ 검도 종류에 따른 적응력을 기를 수 있다. ▪ 검도를 통한 인간관계회복 능력을 기른다. ▪ 생활 검도를 상대방에게 지도할 수 있는 능력을 기른다. [태도] ▪ 검도를 통해 안전의 중요성을 이해한다. ▪ 검도 능력을 향상 시킬 수 있는 기술을 상호 교환한다.	대면 수업을 통한 검도기술 습득 사진으로 설명하고 실제로 동작을 익힐 수 있도록 직접 제작한 동영상 탑재

주차별 학습내용			
주차	관련하위역량 (Keyword/능력단위요소)	수업내용	비고
10	1. 연격2	1. 검도 실습 중 주의사항을 이해할 수 있다. [지식] ■ 생활검도의 개념 및 중요성 이해 ■ 검도 수련방법 이해 ■ 검도를 익힐 수 있다. ■ 검도의 본을 익힐 수 있다. [기술] ■ 검도 종류에 따른 적응력을 기를 수 있다. ■ 검도를 통한 인간관계회복 능력을 기른다. ■ 생활 검도를 상대방에게 지도할 수 있는 능력을 기른다. [태도] ■ 검도를 통해 안전의 중요성을 이해한다. ■ 검도 능력을 향상 시킬 수 있는 기술을 상호 교환한다.	대면 수업을 통한 검도기술 습득 사진으로 설명하고 실제로 동작을 익힐 수 있도록 직접 제작한 동영상 탑재
11	1. 머리치기	1. 검도 실습 중 주의사항을 이해할 수 있다. [지식] ■ 생활검도의 개념 및 중요성 이해 ■ 검도 수련방법 이해 ■ 검도를 익힐 수 있다. ■ 검도의 본을 익힐 수 있다. [기술] ■ 검도 종류에 따른 적응력을 기를 수 있다. ■ 검도를 통한 인간관계회복 능력을 기른다. ■ 생활 검도를 상대방에게 지도할 수 있는 능력을 기른다.	대면 수업을 통한 검도기술 습득 사진으로 설명하고 실제로 동작을 익힐 수 있도록 직접 제작한 동영상 탑재

<table>
<tr><th colspan="4">주차별 학습내용</th></tr>
<tr><th>주차</th><th>관련하위역량
(Keyword/능력단위요소)</th><th>수업내용</th><th>비고</th></tr>
<tr><td></td><td></td><td>[태도]
▪ 검도를 통해 안전의 중요성을 이해한다.
▪ 검도 능력을 향상 시킬 수 있는 기술을 상호 교환한다.</td><td></td></tr>
<tr><td>12</td><td>1. 손목치기</td><td>1. 검도 실습 중 주의사항을 이해할 수 있다.

[지식]
▪ 생활검도의 개념 및 중요성 이해
▪ 검도 수련방법 이해
▪ 검도를 익힐 수 있다.
▪ 검도의 본을 익힐 수 있다.

[기술]
▪ 검도 종류에 따른 적응력을 기를 수 있다.
▪ 검도를 통한 인간관계회복 능력을 기른다.
▪ 생활 검도를 상대방에게 지도할 수 있는 능력을 기른다.

[태도]
▪ 검도를 통해 안전의 중요성을 이해한다.
▪ 검도 능력을 향상 시킬 수 있는 기술을 상호 교환한다.</td><td>대면 수업을 통한 검도기술 습득 사진으로 설명하고 실제로 동작을 익힐 수 있도록 직접 제작한 동영상 탑재</td></tr>
<tr><td>13</td><td>3. 허리치기</td><td>1.1 검도 실습 중 주의사항을 이해할 수 있다.

[지식]
▪ 생활검도의 개념 및 중요성 이해
▪ 검도 수련방법 이해
▪ 검도를 익힐 수 있다.
▪ 검도의 본을 익힐 수 있다.

[기술]
▪ 검도 종류에 따른 적응력을 기를 수 있다.</td><td>대면 수업을 통한 검도기술 습득 사진으로 설명하고 실제로 동작을 익힐 수 있도록 직접 제작한 동영상 탑재</td></tr>
</table>

주차별 학습내용			
주차	관련하위역량 (Keyword/능력단위요소)	수업내용	비고
		▪ 검도를 통한 인간관계회복 능력을 기른다. ▪ 생활 검도를 상대방에게 지도할 수 있는 능력을 기른다. [태도] ▪ 검도를 통해 안전의 중요성을 이해한다. ▪ 검도 능력을 향상 시킬 수 있는 기술을 상호 교환한다..	
14	3. 대련기술	1.1 검도 실습 중 주의사항을 이해할 수 있다. [지식] ▪ 생활검도의 개념 및 중요성 이해 ▪ 검도 수련방법 이해 ▪ 검도를 익힐 수 있다. ▪ 검도의 본을 익힐 수 있다. [기술] ▪ 검도 종류에 따른 적응력을 기를 수 있다. ▪ 검도를 통한 인간관계회복 능력을 기른다. ▪ 생활 검도를 상대방에게 지도할 수 있는 능력을 기른다. [태도] ▪ 검도를 통해 안전의 중요성을 이해한다. ▪ 검도 능력을 향상 시킬 수 있는 기술을 상호 교환한다. 해한다. ▪ 검도 수련 목적에 따라 수련 방법이 달라져야 함을 이해한다. [태도] ▪ 죽도 사용 시 상해가 일어나지 않도록 주의한다. ▪ 반드시 1:1로 대면하여 연습하도록	대면 수업을 통한 검도기술 습득 사진으로 설명하고 실제로 동작을 익힐 수 있도록 직접 제작한 동영상 탑재

주차별 학습내용			
주차	관련하위역량 (Keyword/능력단위요소)	수업내용	비고
		한다.	
15	직무능력평가 2 (기말고사) 실시	1. 직무능력 평가2 특기술 1개 실시 [지식]	대면 수업을 통한 검도기술 습득 사진으로 설명하고 실제로 동작을 익힐 수 있도록 직접 제작한 동영상 탑재
16	향상평가 실시	하위 10% 실시(직무능력평가 2에서 부족한 부분 재평가)	

Ⅳ

태권도

1. 태권도의 정의
2. 태권도의 접근
3. 태권도의 전통, 한국맨손 무예사(고대~1945)
4. 중세(10C~16C)
5. 근세(17C~1945)
6. 현대 태권도사
7. 태권도의 기술
8. 태권도 주차별 강의계획서

Ⅳ. 태권도

1. 태권도의 정의

태권도는 호신과 자아실현을 목적으로 타격방식 차기에 특화된 맨손 방어와 공격기술을 수련하는 대한민국의 국기이자 무예스포츠이다

1) 태권도의 수련목적

(1) 자기보호

호신은 태권도 수련의 일차적인 목적이다 호신은 자기 몸을 지킨다는 의미이다. 자신의 몸을 지키는 일, 즉 적대적 환경이나 적으로부터 자기 생명을 지키는 일은 생명체의 기본적 본능에 속한다.

(2) 자신감 확충

태권도의 수련의 목적으로서 자아실현은 자신의 잠재적 가능성을 최대한 실현하는 일이다. 자아를 실현하기 위해서는 먼저 자신의 잠재적 가능성을 발견하고 실현하는 일은 모두 자신의 주도적으로 진행해야 하는 일이다.

2) 태권도 기술의 분류

(1) 방어와 공격기술

태권도는 일차적으로 호신을 목적으로 하는 방어와 공격기술의 총체이다
방어를 공격에 앞서 배치한 이유는 태권도의 비폭력성과 평화 지향성을 나타내기 위해서이다. 태권도는 타인에게 폭력을 행사하기 위한 동격기술이 아니라 불의의 공격을 받았을 때 자신을 보호하기 위한 기술이며 궁극적으로 세상을 이롭게 하기위한 기술이다.

3) 태권도 수련

(1) 의미

태권도 기술을 연습하는 일을 수련으로 표현하는 이유는 그것이 몸의 변화를

목적으로 하는 활동일 뿐 아니라 수련자를 바람직한 인간으로 만들기 위해 마음의 변화도 목적으로 하는 활동이기 때문이다. 수련은 털어낸다, 닦는다는 의미와 단련한다는 의미로 통틀어 연마한다는 의미를 지닌다.

(2) 태권도의 수련효과

태권도 기술을 오래동안 반복해서 연습한 사람은 연습하기 이전과 비교할 때 몸과 마음이 현저하게 변화된다. 태권도를 지속적으로 수련을 하면 몸의 형태가 그 기술을 발휘하기에 적합하게 바뀌고 몸의 기능도 향상된다. 또한 품새를 수련하게 되면 침착성, 인내심, 협동심, 안정감 같은 심리적 성향이 향상된다. 태권도 기술의 반복연습을 통해 변화된 몸의 형태와 향상된 몸의 기능 그리고 길러진 심리적 성향은 모두 힘과 관련된 것들이다. 몸의 형태변화와 기능 향상이 몸의 힘과 관련된 것이라면 심리적 성향의 향상은 마음의 힘과 관련된 것이다.

4) 무예스포츠

(1) 무예와 스포츠의 차이

"일에서 떠나서 놀다." 라는 의미를 지닌 중세 영어에서 유래한 스포츠는 경쟁적인 현대 스포츠와 달리 유희적 성격을 갖춘 여러 가지 활동을 의미했다.
이후 스포츠는 발전과정에서 스포츠맨십 같은 윤리적인 목표를 갖추게 되었다.
반면 무예는 생존을 위한 싸움에 두고 있다. 어느민족을 막론하고 무기가 발달하지 못했던 원시 사회에서 각자의 생존과 종족보존을 위한 식량획득과 방어라는 본능적 요구에 따라 자연 발생적으로 싸움기술이 발달했고, 그것이 문명과정을 거치면서 체계화된 것이 무예이다.

(2) 무예, 무술, 무도

무예는 무술 및 무도와 서로 구분되는 개념이다 이 개념에서 술은 실용적 가치를 추구하는 기술로, 예는 미적가치를 추구하는 예술로, 도는 윤리 및 종교적 가치를 추구하는 철학으로 해석되고 이렇게 해석된 무술, 무예, 무도는 술, 예, 도의가치 서열에 따라 하위, 중위, 상위 가치로 서열화 된다. 특히 동양 중에서도 우리나라는 무예, 중국은 무술, 일본은 무도라는 용어를 가장 많이 활용하고 있다.
예를들면 사격. 유도. 합기도. 공수도 같은 단어가 이러한 경향을 잘 보여준다.

(3) 무예스포츠

무예는 총과 대포등 근대식 무기가 성장한 이후 전투기술로서 의미를 상실했고 점차 다른목적을 추구하는 활동으로 변형되었다. 한국에서 무예는 한국 특유의 풍류(風流)기질과 신바람문화의 영향으로 하는 사람과 보는 사람 모두에게재미와 즐거움을 선사하는 경제적 유희 활동으로 변화했다.

우리는 한국 무예의 근대화 과정에서 나타난 경쟁성과 유희성을 조선후기 화가 유숙(劉淑)의 대쾨도(大快圖)에서 확인할 수 있다

이 그림에서 이러한 사람들이 지켜보는 가운데 서로 맨손 겨루기를 하는 두 젊은이의 모습이 담겨 있다. 이장면은 한국 근대 무예가 사람들을 흥겹게 해주는 현대 스포츠와 매우 닮았다는 점을 잘 나타내어준다.

현대 스포츠는 제도화된 규칙에 의해 통제되며 승부를 결정하는데 있어서 신체적 능력이 중요한, 경쟁적인 유희 활동으로 정의된다 여기에 한가지 특징을 더 추가한다면 공개성이 될 것이다. 현대스포츠는 누구나 관람할 수 있는 공개적인 장소에서 이루어지기 때문이다.

데캐도는 한국 근대 무예가 여러사람이 지켜보는 공공장소에서 이루어 지며 그런 의미에서 하는 사람이나 모는 사람모두에게 흥분과 재미를 가져다주는 유희의 특성을 갖추고 있음을 잘 나타내어준다.

한국 근대무예의 스포츠적 특징은 20세기 중반 태권도가 형성되는 과정에서 더욱 강하게 부각되었다. 오늘날 태권도는 세계인들에게 사랑받는 올림픽 스포츠가 되었다. 태권도가 올림틱 스포츠가 될 수 있었던 배경에는 풍류와 신바람 문화가 깊이 반영된 한국 근대 무예와 경쟁적 유희의 성격을 띤 현대 스포츠의 진화성이 중요한 역할을 담당했다. 무예의 스포츠화는 한국 전통 무예의 근대화 과정에서 시작 되었고 현대 태권도에서 완성 되었다. 그런 의미에서 태권도는 공개성, 유희성, 경쟁성, 제도화된 규칙, 탁월한 신체능력을 특징으로 하는 무예스포츠라 할 수 있다.

2. 태권도의 접근

1) 태권도 문화사적 접근

(1) 태권도 무형문화적 특성

태권도는 한국 무예문화의 소산이다. 즉, 한국이라는 문화적 토양에서 시대적, 지역적 상황에 따라 원류가 형성되고 변천하여 오늘날 태권도가 되었기 때문이다. 한국의 여러문화가 그러하듯이 특히 무예 영역에 있어서 서역, 중국, 오키나와, 일본 등 이웃나라 문화 교류가 빈번했다. 한때 서역과 중국무역의 영향을 받기도 하고 반대로 고대 마상무예, 수박(手博), 씨름과 같이 한국무예가 고대 일본이나 중세 오키나와에 영향을 미치기도 했다. 이와 같이 무예는 사람이 행하는 비물질적인 무형 문화이므로 시대적이고 지역적인 문화 접변의 양상을 띠기 마련이다. 이러한 무형 문화는 지역별 구성원들이 자신들의 기질과 전통, 사회상, 현실적 가치관의 상호 작용에 따라 끊임없이 재창조되어 구전이나 기록으로 전승되어 온 결과물이다.

(2) 태권도의 문화사적 서술

태권도는 원류를 거슬러 올라가면 복잡한 문화 접변의 양상이 얽혀 있다. 현대 태권도의 형성과정은 가깝게는 20세기 초, 일제강점기, 만주지역의 중국 무술과 오키나와테 원음인토오디가 도입되었고 한국의 전통무예 택견이 결부되기도 했다. 그러므로 태권도는 한국 무예문화의 풍토나 배경에서 외래무예를 수용하여 토착화안 주요 사례이다. 이런 이유로 태권도사는 한국 고전무예를 포함한 모든 시대를 아우르는 한국 무예문화사로 다루어 진다. 태권도의 무예 문화사적 관점은 태권도 인들의 의식을 일깨우고 문화를 창출하는 능력을 고양시킨다. 태권도의 정신이나 기술은 고정불변 한 것이 아니라 시대에 따라 개인 또는 집단의 역량이나 사회적 필요성에 따라 얼마든지 재창조 될 수 있는 가능성이 열려 있기 때문이다.

(3) 태권도사의 시대구분

태권도는 한국이라는 지역에서 형성되고 발달한 무예이자 스포츠이다. 따라서 태권도의 역사는 큰 틀에서 한국사의 맥락에서 다루어 질 수 있다. 장구한 한국역사는 보편적으로 고대, 중세, 근세, 현대와 같이 4단계로 시대를 구분한다. 한국 무예사를 포괄하는 태권도사 서술은 통상의 한국사 시대 구분을 따르되 무예의 획기적인 변천요인을 고려하였다.

3. 태권도의 전통, 한국맨손 무예사(고대~1945)

1) 고대(B.C.24C~A.D.10C)

고대는 고조선이 발흥한 시기부터 삼국시대를 거쳐 통일신라에 이르는 시기이다. 고대에는 무예자체가 개인과 집단의 생존이 걸린 전쟁기술 이었으므로 적극장려 되었다.

(1) 고조선의 무예 (B.C.24C~B.C2C)

고조선은 청동기 문화를 바탕으로 성립한 한국 최초의 국가이다. 고조선의 무예에 대해서는 기록이 희박하여 청동검 등 유물에 의해 추정할 수 있을 정도이지만 한국사 무예의 시원(始原)으로 다루어 질 수 있다. 고조선의 문화권은 비파형동검, 탁자식 고인돌, 미송리식 토기등이 출토된 한반도 북부지역이 해당되므로 중국의 청동기 문화와는 구별된다.

(2) 고구려의 맨손무예, 수박(A.D.4C)

고구려(B.C.37~A.D.668)시대 한국 맨손무예의 존재를 최초로 알려주는 2건의 증거가 안악 3호분과 무용총에서 출토되었다. 이 그림은 700년 후 고려시대에 기록으로 밝혀진 맨손무예 수박(手搏)으로 간주되는 주요한 단서이다. 그림에서 경기 당사자인 거구의 역사 (力士)는 인종 특성을 나타낸다. 서로 마주한 2명의 역사중 한 사람은 고구려인이고 메부리코를 한 살람은 페르시아계 서역인으로 간주된다. 당시 서역은 실크로드를 통해 고구려와 중국과도 긴밀한 고류를 했다는 사실에 미루어 볼 때 실제로 서역인이 수박을 전했다는 설도 설득을 가진다.

(3) 백제의 맨손 무예(B.C.1C~A.D.7C)

백제의 맨손 무예 관련자료는 1993년에 발굴된 백제금 동대향로의 인물상이다. 해당인물은 향로 몸체의 연꽃잎 상단에 조각되어 있는데, 왼쪽팔을 펴고 왼쪽 다리는 구부려 힘과 긴장감이 느껴지는 역동적인 동작을 취하고 있어 맨손무예를 하는 것으로 짐작된다.

일왕 가계(家系)와 백제인과 깊은 관련을 맺은 사실을 통해 고구려, 신라와 투쟁하며 활발한 백제 무예가 일본에 전래된 것으로 보인다. 일본 서기에서도 황극천왕 원년조에 백제사신이 찾아와 맨손무예를 선보였고 일본 조정에서는 건장한 장정에게 서로 겨루게 하였다. 따라서 백제의 무예와 일본의 고대무예와의 관련성을 엿 볼 수 있다.

(4) 신라의 맨손무예(B.C.1C~A.D.10C)

신라의 맨손무예에 대한 기록은 나타나지 않지만 맨손무예의 존재를 추정하게 하는 유물들이 있어 신라에도 맨손무예가 행해졌을 것으로 추정한다. 바로 신라의 수도였던 경주 용강동에서 출토된 무사 토용과 패릉의 무인석상이다. 용강동 무사용은 3종인데, 무사용 세 점 모두 각기 다른 겨루기 자세를 취하고 있어 수박의 단위 동작을 세심하게 표현한 것으로 짐작된다.

4. 중세(10C~16C)

중세 시대는 고려왕조 시작부터 16세기 임진왜란 이전인 조선 전기까지로 설정하였다. 중세 시기 역사서는 맨손격투무예인 수박(수박희) 활동을 구체적으로 기록하였다. 특히 고려시대 무신정변의 계기로서 '오병수박희'가 등장하는데, 수박이 군사들의 무술경기로 성행했음을 알 수 있다. 수박에 대한 기록은 조선시대에도 많이 나오는데 국왕을 호위하는 군사들뿐만 아니라 일반 백성에 이르기까지 널리 행해졌다고 전해진다.

(1) 고려의 수박(10C~14C)

고려는 무인들의 득세로 인해 수박과 같은 맨손무예도 발달하였다. 오늘날 종합격투기처럼 사람들이 관람하는 수박 경기를 '수박희'라고 불렀다. 고려왕 의종이 무신들에게 보현원에서'오병수박희'를 시켰는데, 이는 고려사의 대사건인 무신정변의 발단이 되었다. 오병수박희는 5개의 병부 또는 5명의 병사가 단체로 대항하는 경기 방식으로 해석된다.

(2) 조선의 수박(14C~16C)

조선을 세운 왕(이성계)이 무인 출신이었기에 왕가 행사에 수박희는 주요한 관람 종목이었다. 하루는 수박에 능한 자 50여 명이 미리 지명되어 승부를 겨루었는데 혼자서 8인을 이겨 후한 상을 받은 자가 나오기도 했다. 태종 때 3명 이상을 이긴 수박 실력자가 갑사(왕실 호위병)로 선발되었다. 수박은 불교의 승려나 지방에 사는 민간인까지 널리 확산되었다. 세종은 뛰어난 수박희 실력을 발휘한 해연이란 중에게 목면 1필을 하사하고 머리를 길러 환속하도록 명했다. 수박희는 전국 곳곳에서 민간인들에 의해 행해졌다는 기록들도 여럿 나온다. 군사무예이자 민속경기로서 그리고 호신이 필요한 승려나 상인뿐 아니라 양반들도 수박을 행했다. 그 근거는 역사서 『동사약』에서 16세기 한 관리는 꿈에서 수박각저를 했다고 적혀 있다. 비록 꿈이야기지만 당시 실제로 수박이 성행했을 것으로 보인다.

5. 근세(17C~1945)

임진왜란과 병자호란 연이은 전란을 거치면서 17세기 조선 사회는 큰 변화를 맞게 된다. 양 난 이후 격변의 시기부터 개항을 거쳐 일제강점기까지 무술사적으로는 근세로 구분하였다. 이 시기의 특징은 전란으로 인해 '권법'같은 군사무예가 확립되었고, 서민문화의 확산으로 여러 가지 상무적 민속경기가 발달하면서'택견'도 등장하였다. 일제강점기에는 유도, 사격이 한국에 유입되었다. 한편 만주권법을 배웠거나 일제 말기 여러 유학생들이 일본에서 당수를 연마하면서 외래무예를 도입하는 새로운 전기를 맞이하게 된다.

(1) 무예도보통지의 권법(17C~18C)

15세기 말, 임진왜란이 발발하자 국방 무예의 필요성이 절실히 대두하였다. 이때부터 군사무예서 편찬이 시작되어 18세기 말 『무예도보통지』가 완성되었다. 『무예도보통지』는 중국과 일본의 무예를 망라하여 24종의 무예를 정리한 책이다. 당시에 출중한 무예가들이 실기 내용을 일일이 분석하여 그림으로 만들고 상세한 해설을 붙였다. 그중 맨손무예 권법은 『기효신서』 등 '명'의 무술서를 참고하되 조선의 실정에 맞게 발전시켰다. 명의 무술서에서는 단순히 '세'의 동작의 형태에 대해서 설명을 나열하였지만 무예도보통지에서는 세를 겨루기에 응용할 수 있도록 동작순서를 정했다. 18세기 말, 정조의 친위부대 장용영은 수천 명에 달하는 정예병이자 권법을 숙달한 전문 무예인이었다. 정조 사후 이들이 전국 각지로 퍼지면서 지방 곳곳으로 무예가 전파되는 계기가 되었다. 이후 권법은 맨손무예를 전반을 가리키는 일반명사화 되었다. '권법'을 자칭하던 '타권'이라는 단어에서 '택견(태껸)' 명칭이 유래했다는 학설도 있다.

(2) 민간인의 맨손무예(17C)

군사무예였던 수박과 권법은 조선 중기에는 승려나 민간인까지 널리 퍼졌고,

17세기 무렵에는 상무적 민속경기나 어린이의 놀이로 변천하였다. 1606년 단오때 마을 아이들이 수박을 했다는 묵제일기의 기록이 이를 뒷받침한다. 한편 황해도와 경남 거창의 '까기', 평안도의 '날파름(날파람)', 전주의 '잽이', 김해와 양산, 밀양의 '잽이',제주도의 '발찰락'도 근대까지 기록되어 있다. 이는 맨손무예가 조선 말기까지 여러 가지 명칭의 민속경기나 놀이로 지역에 따라 변천되었음을 알려준다.

하지만 명칭만 나올 뿐이고 기술내용은 잘 알려지는 않는다. 그런데 숙헌 중기에 민간인이 맨손 무예를 행산 시각정보가 담긴 2건의 사료가 발견되었다. 첫 번째 사료는 전문가 고증을 거쳐 '1993년 KBS 민화전'에서 공개된 무예 그림이다. 이 그림은 재질과 화풍을 근거로 17세기 작품으로 감정되었다. 만일 이 그림 이 17세기에 제작된 것이라면 이전의 수박이나 임진왜란 이후에 보급된 권법과도 관련될 수 있다.

다른 사례는 양생적 특성을 가진 맨손무예인 '태격'이다. 2009년 전라북도 김제에서 성리학에 기반한 가전 무예 태격을 수록한 도록이 공개되었다. 택견은 17세기 중엽부터 구전으로만 전해지다가 1930년경 김병화(1883~1941)에 의해 작성되었다. 그것은 양생 호흡 수련과 맨손무예를 엮은 53가지 지세의 동작이 그림으로 수록되어 있다. 기술 구성은 태권도와 유사한 서기뿐 아니라 돌려차기, 뒤차기 일종도 포함되어 있다.

(3) 상무적 민속경기, 택견(18C~)

택견(태껸)은 발기술을 주로 사용하는 한국 고유무예이자 민속경기로서 오늘날 태권도가 성립하는 데 적지 않은 영향을 주었다. 택견은 발을 주로 쓰는 겨루기 방식의 민속경기로 전승되었다. 세부적 기술 내용과 경기 방식에 관한 정보기 명확히 밝히진 근래에 와서 택견은 태권도와는 확연한 차이가 있다고 한다. 그러나 태권도는 형성 초기부터 택견의 '차기 위주의 겨루기'란 주된 특징을 반영하였으므로 택견과의 관련성이 밀접하다. 일제강점기와 광복시기 택견은 수도 서울 지역에 국한된 무예경기로 간신이 명맥만 유지했다. 그러한 택견은 태권도의 원류와 청도관, 무덕관, YMCA 권법부 등 5대관 당사자들에게 개연적으로 인식되었다. 그들은 전통무예를 재현하겠다는 의도로 택견을 모티브로 한 차기 기술을 중심적으로 개발하고 발전시킴으로써 태권도를 창출했다.

(4) 일제강점기의 외래무술 (1910~1945)

1910년 한국이 국권을 상실한 이후부터 1945년 광복에 이르기까지 35년간의 시기가 일제강점기이다. 일제강점기 민족 말살 정책의 일환으로 택견, 석전 등 상무적 문화는 탄압을 받았다. 이 시기에 마을끼리 대항하는 민속경기였던 택견은 크게 위축될 수 밖에 없었다. 일제 지배하에서 일본인들에 의해 유도, 사격이 한국에 보급되었다. 반면 택견과 같은 전통무예는 겨우 명맥만을 유지하였다. 일제강점기 후반에는 여러 한국인들이 민주권법이나 일본에서 당수(토오디)를 배웠다. 제일 한국인 유학생들은 광복 직전에 귀국하여 곧 5대관을 새웠다. 이와 같이 일제강점기 한국의 전통무예가 약화된 시기에 외래무술이 한국에 도입되어 새로운 출발을 보였다.

6. 현대 태권도사

1) 초기 태권도 (1946~1960)

광복 직후 한국인에 의해 외래무술이 도입되어 5대관이 태동했다. 해가 거듭될수록 택견에서 착안된 차기 위주의 신기술이 개발되어 한국적 특성을 확립하기 시작했다. 5대관 초기부터 협회 구성도 추진되었다. 한국전쟁 후 수많은 관이 난립하던 중에 '태권도' 명칭이 등장하고 통합 협회가 추진되었다. 5대관이 시작된 1946년부터 협회 구성이 시도되었던 1960년까지 시기를 '초기 태권도'라고 칭한다.

(1) 5대관의 형성 (1946~1947)

1945년 대한민국이 마침내 일제의 압제로부터 벗어나자 무예를 비롯한 모든 문화는 새로운 출발을 하였다. 이때 한국인에 의해'만주권법'과 '당수'외래무술이 도입되어 현대 태권도의 모체로 간주되는 '5대관'이 개설되었다. 5대관창설자들은 전통무예를 참조하여 의도적으로 기술을 개량하거나 보완해서 한국화하려는 노력을 기울였다. 특히 자신들이 배웠던 무예가 단기간에 이루어진 불완전한 수준이었기에 더욱 그러했다.

선두 도장인 청도관은 1946년 이원국에 의해 서울에서 개설되었다. 이원국은 학창 시절 일본에서 학업을 마친 후 5년간 당수를 수련하여 4단을 취득했다고 전해진다. 바로 이어 전상섭은 서울 소공동에서 조선연무관 권법부를 개설하였다. 이듬해 초 용산 철도국에서 무덕관을 세웠다. 1947년 9월에는 서울YMCA 권법부와 개성 송무관이 연이어 창설되었다. YMCA권법부는 무기술과 품새를 포함한 만주권법과 일본 유학 중 당수를 배운 윤병인에 의해 개시되었다. 고향인 노병직은 일본 유학 시절 수년간 익힌 당수를 바탕으로 개성 유도장 일부를 할애받아 송무관을 열었다.

(2) 5대관의 활동 (1946~1950)

5대관의 무예 활동은 수련, 심사, 시범으로 전개되었다. 즉, 일상 수련을 비롯하여 여름 및 겨울 특별수련, 정기 및 특별심사, 연무시범 행사 등 다양한 수련과 활동이었다. 이를 통해 각 관의 무예가 점차 확산되었고 수련생의 실력 향상과 더불어 신기술 개발이 진행되기 시작했다. 각 관의 활동이 상호 경쟁적이 되면서 탁월한 실력자들도 양성되었다. 5대관은 1950년 6월 한국전쟁 이전까지 불과 5년도 안 되는 기간 동안 존재했지만 현대 태권도를 형성시키는 중추적 역할을 하였다.

(3) 신기술의 개발 (1947~1950)

5대관의 무술은 해를 거듭할수록 단련과 위력격파, 품새 위주의 기존 수련 방식에서 벗어나기 시작했다. 고전 기술적 한계는 5대관이 시행한 자유겨루기와 시범에서 다양하고 난이도 높은 차기 기술을 창안하는 직접적인 원인이 되었다. 차기 위주의 겨루기는 한국 주체성과 결부되어 신기술 개발에 작용했고 한국인의 기질과 역량이 발휘되면서 괄목할만한 진전을 이루게 되었다. 차기 위주의 신기술은 승단급 심사에서 상대를 직접 타격해야 하는 자유겨루기나 대외적인 홍보 시범에 적극 활용되기 시작했다. 한국 특성화로의 변천은 여러 관에서 서서히 진행되었다. 다양하고 역동적인 차기와 딛기 등 겨루기와 시범 기술은 5대관의 무예를 점차 한국적 특징을 가진 무예로 변모시켰다.

(4) 관의 난립 (1951~1960)

1950년 6월 발발한 한국전쟁은 5대관에 엄청난 변동을 초래했다. 5대관 창설자 대부분이 전쟁으로 인해 결정적인 신상 변고가 발생한 것이다. 이에따라 5대관이 붕괴되었고 전후 각 관 출신의 제자들이 개설한 신흥 관들이 우후죽순처럼 생겨나고 전국적으로 확산되었다. 전쟁 이후 주류 9개관을 비롯한 이십여개의 중소관들에 소속된 산하 도장이 전국 수백 곳에 달할 정도였다.

(5) 태권도 명칭의 제정 (1955)

태권도라는 명칭은 한국 전통무예 택견(태껸)을 계송한다는 취지로 1955년 최홍희와 남태희에 의해 제정되었다. 남한군부 장성 출신인 최홍희(1918~2002)는 태권도가 성립하는 데 큰 기여를 했다. 1954년 최홍희와 남태희가 주관한 당수도 시범을 접한 이승만 대통령은 "저것이 우리나라에 옛날부터 있었던 태껸(택견)이야!"를 외쳤다. 이 일화는 태권도 명칭을 창출시킨 역사적 사건이었다. 두 사람은 '태껸'의 발음과 비슷한'태(跆)'자와 '권(拳)' 자를 찾아 '현대식 택견'을 뜻하는 '태권도'란 새로운 무예명을 만들었다. 기존의 명칭이었던 당수, 공수, 권법, 수박 등은 모두 손기술 위주임을 의미하는 반면 태권도의 '태(跆)'는 발기술 의미를 반영한 획기적인 글자였다.

(6) 협회의 추진(1947~1960)

5대관이 출발한 초기부터 각 관의 공동 업무를 해결할 협회 구성이 모색되었다. 우선적으로 시급한 문제는 공인단심사에 관해서였다. 각 관별로 시행되던 승단심사를 보다 체계적으로 시행하고 단증 발급도 일괄적이고 간편하게 처리할 필요성이 절실했기 때문이다. 그러나 각 관 창설자의 직위와 단수부여, 심사규정, 사무실 비용 부담문제 등 세부적 이해관계가 얽혀 성과를 이루지 못했다. 1950년 한국전쟁이 발발하자 5대관 상황은 급변했다. 무덕관과 송무관을 제외한 3개관은 지도자를 상실하였고 각 관 수련생 출신의 유력 인사가 관명맥을 계승했다. 신진 지도자들로 세대교체를 이룬 것이다. 한국전쟁 기간 중 일부 지도자들이 협회를 조직하였으나 구성원 간의 결속이 무너지면서 해산되었다. 1959년 9월 최홍희 소장의 주도로'대한태권도협회'가 출범했지만 이 또한 오래가지 못했다.

2) 단합의 결실(1961~1970)

1960년대 초 발발한 4-19 혁명과 5-16 정변은 태권계 혁신의 계기가 되었다. 새 정권이 들어서자 숙원 과제였던 유사단체 통합안이 추진되어 마침내 정신 협회가 성립하였다. 공인 승단심사는 협회 주관으로 일원화되었다. 독자적인 겨루기 경기가 1963년 제44회 전국체전에 정식종목으로 채택되었다. 승단심사에 채용되는 품새도 협회 차원의 새로운 내용이 제정되었다. 1960년대 태권도의 해외 보급이 시작되었고 아시아를 비롯하여 유럽, 미국 등지로 확산되었다.

(1) 정식 협회의 결성(1961)

1960년에 접어들자 급변한 한국의 정세는 태권도계가 해묵은 문제를 청산하는 기회를 맞게 되었다. 그간 모색해오던 숙원 사업인 공식 협회가 마침내 성사된 것이다. 이는 난립했던 태권도계가 일치 단결하는 대사건이었다. 4 · 19혁명과 이듬해 5 · 16군사 쿠데타로 인한 연이은 정변은 태권도계에도 막대한 영향을 미쳤다. 군사 정부의 포고령에 따라 사회단체 재동록이 시행되고 문교부는 유사단체 통합을 서둘렀다. 1961년 9월 마침내 '대한태수도협회'가 발족하였다. 이듬해 대한태수도협회는 대한체육회 산하 단체로 승인을 얻음으로써 명실상부한 경기 단체로 편입되었다.

(2) 공인 승단심사의 시행(1962)

대한태수도협회의 최우선 과제는 관별로 시행되고 있는 '승단심사'를 일원화 시키는 것이었다. 승단심사 사안이 협회로서는 가장 큰 문제였는데 관마다 경쟁적으로 유단자를 남발했기 때문이다. 또한 관마다 당수도, 공수도, 수박도, 태권도 등의 무예 명칭뿐 아니라 품새, 겨루기 등 기술 체계도 제각각이었다. 마침내 통합 협회인 대한태수도협회가 결성되자 공식 심사업무를 착수할 수 있었다. 1962년 11월 '제1회 전국승단심사대회'가 열렸다. 대한태수도협회가 출범하면서 주최한 최초의 공식 심사였다. 심사 내용은 품새, 겨루기, 논문(3단 이상)이었다. 겨루기는 경기용 보호대를 착용하고 자유 겨루기 방식으로 시행되었다.

(3) 겨루기 경기의 공식화 (1963)

태권도(태수도) 겨루기가 1963년 전주에서 열린 제44회 전국체육대회에서 정식종목으로 채택되면서 일내 혁신을 이루었다. 본격화된 경기화로 인해 보호대를 착용한 직접타격방식과 차기 위주의 겨루기가 정착되기 시작했다. 이는 태권도가 미리 정해진 형식적 겨루기가 아닌 실전적 대응 능력을 키우는 자유 겨루기 방식의 격기 스포츠로서 특성을 확립하는 분기점이 되었다. 또한 차기 위주의 겨루기인 전통무예 택견과 상응하는 한국적 맨손무예의 정체성을 갖추게 되었다. 태권도 겨루기 경기에서 승부를 판정하는 '경기 규칙'과 선수의 안전을 위한 '보호대' 가 중요했다. 보호대 착용과 직접 타격식 경기로 인해 수련자가 상대 공격을 피하거나 막고 반격하는 실전적 역량을 쌓을 수 있었다.

이는 해외 태권도장을 개척할 때 종종 발생하는 타 무술과의 실전 대결에서 우위를 점하는 강점이 되었다.

(4) 공인 품새의 제정(1967~1972)

1967년 11월 30일 대한태권도협회는 총 17종의 유급자용 및 유단자용 품새(당시는 '형'으로 표기되었음)를 제정하여 반포했다. 이는 협회 소속 품새제정 위원회가 지난 2년간 추진한 성과였다. 유급자용 팔괘품새는 1장에서 8장까지 총 8종으로 구성되었다. 유단자용은 9종으로 1단에서 9단까지 순서대로 고려(1자형), 신라, 백제, 십진, 태백, 금강, 지태, 천권, 한수였다. 12월에는 신 품새 보급을 위해 고단자들을 대상으로 강습회를 열기도 했다. 1972년 대한태권도협회기술심의회는 다시 품새와 용어제정 소위원회를 구성하여 초·중·고등학교 교육과정에 도입할 유급자용 태극품새 8종을 추가하였다. 태극품새는 1974년부터 팔괘품새와 병행하여 승단심사에 사용되었다. 그러나 팔괘품새는 팔괘의 철학적 의미가 결여되고 연계 동작의 부실성, 가라테 평안형과의 유사성 등이 문제가 되어 1988년 폐기되었다.

(5) 해외 사범들의 활약 (1961~)

태권도가 세계적 무예로 발돋움할 수 있었던 것은 해외에서 활동한 태권도 사범들의 역할이 지대했다. 해외 사범들은 지구촌 곳곳에서 현지인에게 실용적인 사격과 심신 단련의 기회를 제공했다. 특히 태권도 정신은 개인주의적 성향의 서구인들에 큰 호응을 받았다. 해외 사범들은 태권도를 전인 교육의 효과적인 소재로 활용하여 그 지역의 주요인사가 되었다. 또한 한국어는 물론 음식, 한복 등 생활 문화까지 전승하는 민간 외교관의 역할을 수행했다. 해외 사범의 역사는 1960년대부터 본격화되어 60년을 넘어섰다. 초기에는 유학이나 취직 등 개인적 해외 진출로 시작되었다. 최초의 사례는 미국의 이준구 사범이었다. 이후 수많은 한인 사범들이 세계방방곡곡에서 활약했다.

3) 비약적 발전(1971~1985)

1971년부터 15년간 태권도계는 협회를 중심으로 국내외적 도약을 성취하였다. 이 시기 초, 대통령의 '국기태권도'휘호는 태권도의 국내적 기반을 강화하였다. 이어 국기원이 건립되고 세계태권도대회 개최를 발판으로 국제경기연맹총연합회에 가입하면서 불과 2년

만에 국제 스포츠 대열에 합류했다. 또한 정부(문교부) 방침에 따라 초 · 중 · 고등학교 공교육에 정식 교과과정에 포함되었을 뿐 아니라 대중문화 소재로 각광을 받음으로써 저변확대가 촉진되었다. 여러 대학교에서 태권도 전공학과가 개설됨으로써 태권도 학문적 이론도 추구되었다.

(1) 대한태권도협회의 기능 강화

1971년 대한태권도협회 김운용 회장이 취임하면서 태권도계는 일대 변혁의 분위기가 일었다. 특히 대통령으로부터 받은 '국기태권도'휘호는 태권도를 격상시키는 디딤돌이 되었다. 협회 차원의 기록 및 홍보 잡지인 계간 '태권도'가 대한체육회 산하 종목 중 최초로 발간되기도 했다. 대한태권도협회 중앙도장인 가칭 태권도센터(국기원) 건립이 본격화되었다. 한편 협회가 당면한 경기, 심사, 지도자교육, 국내외 보급 등 제반 사업을 보다 명확히 설정하고 임원별 과업 배정과 효율적인 업무 추진이 실행되었다.

(2) 국기원 건립 (1972)

국기원은 1972년 11월 30일 완공되었다. 국기원이 건립된 이유는 태권도 경기, 공인 승품단 심사, 지도자 교육뿐만 아니라 세계화 추진 사업 등을 수행할 전용 공간이 필요했기 때문이다. 그래서 건립 당시 명칭은 '대한태권도협회중앙도장'이었지만 3개월 뒤인 1973년 2월 6일 '국기원'으로 확정되었다. 국기원의 설립 목적은 정관(2021년)에 다음과 같이 나와 있다. "국기원은 대한민국 문화유산인 태권도 정신과 기술을 계승 · 발전시켜 태권도 문화와 가치의 확산을 도모하고, 국제적 위상을 제고하여, 나아가 인류평화에 기여함을 그 목적으로 한다." 이렇듯 국기원은 태권도 발전을 주도하는 중심 조직의 역할을 담당하고 있다.

(3) 세계태권도선수권대회 창설 (1973)

1973년은 태권도 경기가 세계화의 첫발을 디딘 뜻 깊은 해이다. 태권도뿐만 아니라 우리나라 스포츠 사상 최초의 세계 규모급 대회가 서울에서 개최되었기 때문이다. 5월 25일부터 3일간 16개국 161명의 선수가 참가하여 국기원에서 결전을 벌였다.

(4) 세계태권도연맹 창립 (1973)

1973년 5월 28일 세계태권도 연맹이 창설되었다. 세계태권도연맹은 올림픽대회, 세계태권도선수권대회 등 국제 경기와 관련 국제 업무를 담당하는 행정 조직으로 김운용 국기원 원장이 창설 총재로 취임했다. 태권도 경기의 본격적인 세계화를 추진하는 구심체 역할을 하며 올림픽대회의 영구 정식종목화를 주요 사업으로 했다.

(5) 대학태권도 학과 개설 (1982~)

1980년대 초 한국에는 대학 내 태권도를 전공하는 학과가 개설되면서 이론과 실기 능력을 갖춘 유능한 지도자를 양성하게 되었다. 태권도 전공학과는 1982년 특수대학인 유도학교(현 용인대학교의 전신)에서 처음으로 개설되었다. 이듬해 종합대학으로는 경희대학교가 최초로 태권도학과를 시작하였다. 이후 계명대학교(1996년), 국립한국체육대학(1997년), 경원대학교(현 가천대학교의 전신, 1996년), 조선대학교(1996년)가 연이어 태권도학과를 신설하였다.

7. 태권도의 기술

1) 태권도 기본동작

태권도 기술은 수행하기 위해서는 몸을 움직여야 하는데, 이러한 몸의 움직임을 동작이라고 한다. 태권도 기술의 대부분을 이루는 팔(손) 기술 또는 다리(발)를 움직여 우리가 원하는 동작을 할 수 있다. 또는 연이어 어깨관절 또는 엉덩관절을 움직임으로써 팔(손)과 다리(발)를 움직여 우리가 원하는 동작을 할 수 있다. 특정상황에서 공격 또는 방어와 같이 특정 목적에 맞춰 의도를 가지고 사용하는 동작들의 집합을 기술이라고 하고, 해당 목적을 성취할 수 있는 능력을 기능 또는 기량이라고 한다. 즉, 부단한 연습을 통해 각 기술이 갖는 목적을 충분히 달성함으로써 기능을 늘려가는 과정이 태권도 수련이다.

무수히 많은 동작 중 기술을 발휘할 때 공통적으로 나타나는 팔과 다리의 다섯 동작을 태권도 기본동작이라 정의하였다. 이동작들은 뒤에서 앞으로 뻗는 동작과 위에서 아래로, 아래에서 위로, 밖에서 안으로, 안에서 밖으로 휘돌리는 팔과 다리의 동작들로서 태권도의 움직임을 집약적으로 표현한다.

대표적인 기술로는'지르기, 몸통막기, 바깥치기, 아래막기, 얼굴막기', 발기술로는 '앞차기, 돌려차기, 옆차기, 뒤차기, 뒤후려차기, 내려차기'의 11개 동작이 있다. 지르기, 옆차기, 뒤차기는 팔과 다리를 뻗는 동작의 속성을, 나머지 기술들은 팔과 다리를 휘돌리는 동작의 속성을 지니고 있다.

태권도 기본동작의 선정기준은 기능성, 확장성, 대표성이다. 기능적 측면에서 태권도 기술에서 공통으로 나타나는 동작이어야 하고, 확장성 측면에서 동작, 방향, 사용부위의 변화에 따라 다양하게 파생시킬 수 있어야 하며, 마지막으로 대표성 측면에서 상징성과 목표성을 띈 태권도적 특성 최소단위 기술들을 선정기준으로 정하였다.

태권도 기본동작은, 기능적 측면에서 허리를 회전시킨 후 어깨관절과 엉덩관절의 운동연쇄작용을 통해 뻗거나 휘돌릴 때 가장 효율적인 기술이다. 확장성 측면에서, 가장 다양한 사용부위를 활용할 수 있고, 가장 다양한 방향으로 동작할 수 있으면서, 사용부위의 속도를 가장 빠르게 할 수 있는 동작원리인 미는 듯한 동작과 던지는 듯한 수련영역에서 골고루 많이 사용되는 상징적인 기술이다.

태권도 기본동작 11개의 몸 움직임은 태권도 대부분의 공통분모이므로, 회전 원리에 따라 기초부터 확실하게 몸에 익힌다면, 같은 움직임에 기반한 다른 기술로의 확장은 세부적인 부분을 추가로 더 연습해야 되기 때문에 쉽게 익힐 수 있다.

2) 태권도 기본기술

태권도 기본동작을 바탕으로 품새, 격파, 겨루기 수련영역에서 널리 활용할 수 있도록 자세, 이동기술, 피하기 기술과 연결시켜서 동작을 연습할 수 있도록 구성해 놓은 것을 태권도의 기본기술이라고 한다. 기본기술은 품새와 겨루기를 위한 제자리 기본기술과 겨루기와 격파를 위한 이동 기본기술로 이루어져 있다. 겨루기 제자리 기본기술에서는 각 기초기술을 실행 후 사용부위를 회수하는 것이 매우 중요한데, 상대에 대응하여 빠르게 다음 동작을 취할 수 있는 준비를 하기 위해서이다.

태권도의 기본기술은 품새, 격파, 겨루기 수련영역의 대표적 기술들을 기반으로 설정한 기본동작을 대표적 서기자세, 방향전환 및 이동기술을 조합하여 구성하였기 때문에, 각 수련영역의 본 운동 또는 집중수련을 위한 순비운농, 반복수련을 통한 강화운동의 개념으로 활용하는 것이 바람직하다. 그리고 각 수련영역에서는 효율성을 극대화하기 위하여 기본기술을 더 실용적으로 품새로 발전시킬 수도 있다.

1) 자세

(1) 제자리 서기

서기란 태권도의 공격 및 방어 동작을 수행하기 위해 지면을 발로 딛고 서는 자세들을 말한다. 서기에서 안정성은 시저면의 넓고 좁음, 몸 중심의 높고 낮음에 따라 변화한다. 두발을 넓게 벌리면 기저면이 넓어지고, 두 발을 모으거나 좁히면 기저면이 좁아지고, 무릎을 펴면 중심이 높이 올라가 운동성이 높아져 중심의 이동이 빨라지며 순발력을 발휘한다. 서기 모양은 두 발을 옆으로 벌릴 때와 앞뒤로 벌릴 때가 있으며, 또 무릎을 폈을 때와 구부렸을 때 등에 의해 구별한다. 팔은 자유자재로 움직여도 관계없지만, 몸통은 수직으로 서 있어야 한다. 서기의 기술은 중심이동에 많은 영향을 주는 동시에 두 발의 위치와 움직임에 의하여 여러 가지 기술 변화를 일으킨다. 똑같은 신체조건을 가진 사람이 흔하지 않기 때문에 길이의 단위를 본인 신체에 맞게 크게는 '걸음' 또는 '한 걸음 반'으로 하고, 옆으로 벌려 설 때는 '한 발' 또는 '한 발 반', '두 발'식으로 표현한다. 또 두발이 땅에 닿는 발바닥의 각도를 말할 때는 시선과 몸의 방향을 기준하여 각각 오른쪽과 왼쪽을 구별하여 표시한다. 또 두 발이 땅에 닿는 발바닥의 각도를 말할 때는 시선과 몸의 방향을 기준하여 각각 오른쪽과 왼쪽을 구별하여 표시한다. 다양한 상황에 대처하기 위한 능동적인 수련과 신체조건에 따른 효율적인 수련을 위하여 앞, 뒤 거리와 좌, 우 간격을 크게하여 큰 서기로 활용할 수 있다.

■ 모아서기

두 발날등을 완전히 맞대고 두 무릎 관절은 곧게 편 자세의 서기로 품새를 시작하거나 마칠 때 정신을 집중하며 품새 중간의 갈무리 자세이다.

〉 모아서기에서 앞축만 벌리면 뒤축 모아서기, 뒤축만 벌리면 앞축 모아서기이다.

■ 나란히서기

두 발의 간격은 한 발 길이로 하며 발의 안쪽(발날등)은 서로 나란히 되게 한다. 두 다리의 무릎 관절은 펴며 체중을 두 다리에 똑같이 나눠 실어서 중심을 한가운데 놓는다. 두 발의 간격을 두 발길이로 하면 큰 나란히서기가 된다.

■ 주춤서기

동작 수행 시 두 다리의 견고함은 물론 허리의 유연성을 길러준다. 주춤서기는 앞 뒤, 좌 우로 편중되지 않고 몸의 균형을 유지하기 위해 중요한 자세이며 중심이 낮고 서기의 안정도가 높아, 방어나 공격 시에 기세가 느껴지는 효율적인 동작을 통해 속도와 힘을 낼 수 있다. 발과 발의 사이는 두 발 간격 정도로 서며 내려다봤을 때 무릎과 발끝이 일치되도록 한다.

■ 학다리서기

학이 서 있는 모양을 본떠 이름 붙인 서기로 한쪽 다리 무릎을 주춤서기와 같이 굽혀 낮추고, 왼발을 들어 올려 발날등을 오른 다리 무릎 안쪽 가까이에 갖다 붙인다. 발끝은 대각선 아래를 향하며 끌어올린 다리의 무릎이 앞을 향하도록 조여야 한다. 무릎이 바깥으로 벌어지면 중심 잡기가 어려우며 다음 공격 시 동작이 둔해진다.

(2) 준비자세

태권도 기술을 수행하기 전 신체의 긴장을 풀고 호흡을 조절하며 정신을 집중하는 자세이다.

■ 기본준비(기본바로)

모아서기에서 왼발을 한 발 간격으로 벌리고 손을 편 상태로 단전 앞에서 위를 향하게 하여 숨을 들이마시며 두 손을 몸 앞을 지나서 명치 앞까지 끌어 올린다. 이때 두 손은 명치 앞에서 손가락을 말아 쥐면서 주먹을 틀어 서서히 아래로 향한다. 두 발에 중심이 실리는 순간 아랫배(단전) 앞에 두 주먹을 멈추고, 호흡은 코로 하며 약 2/3정도 내쉬면서 단전에 힘을 주어 선다. 천천히 5초 정도 수행한다. 주먹과 주먹 사이 그리고 몸통과 주먹 사이는 한 주먹 정도의 간격을 띄운다. 구령은'준비'라고 한다.

■ 보주먹준비

호흡을 가다듬고 흐트러진 마음을 단전 앞에서 모아, 인중 앞으로 끌어올려 몸과 마음의 하나됨을 표현한다. 두 발은 모아서기로 서며 천천히 5초 정도 수행한다. 단전 앞에서 왼손으로 엄지손가락을 제외한 네 손가락을 붙이고 엄지손가락을 벌려 둥글게 손가락을 말아 오른 주먹을 감싸서 보호한다. 구령은 '보주먹준비'라고한다.

■ 통밀기준비

기운과 정신을 통에 담아 목숨을 지키기 위한 중요 급소인 목 앞으로 모으는 자세이다. 두 발은 나란히서기로 서며 천천히 5초 정도 수행한다. 두손은 손날을 만들어 단전에서부터 기운을 모아가며 손바닥이 위를 향하게 하여 가슴 앞까지 끌어 올렸다가 두 손을 손바닥이 마주보게 하면서 손날을 세워 대각선 형태로 목 앞으로 올린다. 두 손을 앞으로 밀 때 손의 모양은 둥그런 통을 마주 잡은 것 같이 해야 한다. 구령은 '통밀기준비'라고 한다.

■겹손준비

겹손의 의미는 갈라져 있는 것을 하나로 이으며 흩어진 정신을 모은다는 것이다. 두 발을 모아서기로 서며 천천히 5초 정도 수행하며 오른손등 위에 왼손을 가위표(x) 형태로 겹친다. 구령은 '겹손준비'라고 한다.

■ 호신준비

아주 근접한 거리의 실전 상황에서 효율적이고 다양한 기술을 자유롭게 연습하고 사용하기 위해 취하는 자세이다. 두 발을 한 발 길이의 간격으로 나란히 하고, 두 주먹을 가볍게 쥐고 양팔을 세워 어깨높이에 둔다. 팔꿈치를 아래로 향하게 하고 어깨와 팔 근육을 이완시키는 것이 핵심이다. 구령은 '호신준비'라고 한다.

■ 격파준비

격파 전 취하는 기본격파자세를 의미한다. 왼발이 앞에 있으면 '오른 준비자세' 오른발이 앞에 있으면'왼 준비자세'이다. 두 주먹은 가볍게 말아쥐며 '오른 준비자세'일 경우 왼손은 가슴높이 앞으로 내밀어 팔꿈치는 120° 정도 굽히고 오른손은 왼쪽 가슴 앞에 약간 띄어 위치한다. 구령은 '격파 준비'라고한다.

(3) 특수한 보조자세

■ 큰 돌쩌귀

다음 기술을 수행하기 위한 예비동작이다. 이는 돌쩌귀의 모습을 빌려와 이름붙인 용어이며 돌려지르기가 끝난 상태의 모양이다. 돌려지른 주먹은 몸통과 한 뼘 정도이내의 간격을 띄운다.

■ 작은 돌쩌귀

큰 돌쩌귀와 같이 다음 기술을 연이어 수행하기 위한 예비 동작이다. 큰 돌쩌귀는 돌려지른 주먹등이 위를 향하지만 작은 돌쩌귀는 허리 앞에 둔 주먹등이 앞으로 향하게 한다. 장골능 위 허리선에 있는 주먹은 바닥부분이 위로 향하게 한다. 위의 팔은 팔꿈치를 직각 형태로 구부려 바로 위에 메주먹을 포갠 형태를 취한다. 주먹등이 앞으로 향하게 하여 아래 주먹과 간격을 둔다.

2) 이동기술

(1) 서기

서기 시 앞 뒤 거리와 좌 우 간격은 효율적인 기술 수행을 위하여 신체조건에 따라 약간의 허용 범위를 둘 수 있다.

■ 앞서기

한 걸음 내디뎌 선 자세로, 두발의 거리는 한걸음 정도로 하며 몸의 중심을 가운데 놓고 몸통을 바듯하게 세운 서기이다. 몸을 반듯하게 세우고 몸통은 자연스럽게 30˚ 이내로 틀어 정면을 향한다.

■ 앞굽이

체중은 앞발에 싣고 몸의 균형은 뒷발로 잡는다. 이때 두 발의 거리는 한 걸음 반 정도로 하며 발날등 사이의 간격은 반 발 정도로 하여 두 발의 바깥쪽이 몸 바깥선을 벗어나지 않도록 한다. 몸을 반듯하게 하고 서서 바닥을 내려봤을 때 앞에 있는 무릎과 발끝이 일치되도록 무릎을 굽혀 일치되도록 무릎을 굽혀 몸을 낮춘다. 뒷발의 내각은 30˚ 정도가 되게 서며, 뒷다리의 무릎을 펴며 체중의 2/3를 앞에 둔다. 몸을 반듯하게 세우고 몸통은 앞쪽으로 30˚ 정도로 튼다.

■ 뒷굽이

모아서기에서 오른발 뒤축을 축으로 앞축을 90˚ 되게 벌려 선다. 서기는 모두 앞에 나와 있는 발을 기준으로 '왼서기, 오른서기'로 용어를 정하지만, 뒷 굽이 만은 예외로 뒤에 있는 발을 기준으로 하여 '오른 뒷굽이, 왼 뒷굽이'로 정한다. 오른발 90˚ 벌려 선 상태에서 왼발을 두 발 간격 정도로 앞으로 내디디며 몸을 반듯하게 세우고 45˚ 정도 틀어서 두 무릎을 굽혀 몸을 낮춘다. 몸을 낮출 때 오른다리 무릎은 오른발 끝 방향으로 지면과 60~70˚ 되게 굽히고 왼다리 무릎은 정면(왼발 끝 방향)으로 지면에서 100~110˚ 정도 구부린다. 뒷발을 중심으로 눈-무릎-발끝이 일직선 형태이다. 체중을 뒷발에 2/3정도 있게 하며 무릎을 안으로 조이면 안 된다.

■ 옆서기

나란히서기와 모두 같으나 오른서기의 경우 왼발은 제자리, 오른발을 틀어 앞축을 90˚로 돌려 딛는다.

■ 꼬아서기

몸의 중심을 낮춘 상태에서 앞쪽, 옆쪽으로 다리를 교차하며 움직일 때 나타나는 자세로 앞꼬아서기와 뒤꼬아서기가 있다. 앞꼬아서기는 축이 되는 발을 기준으로 다른 발을 지지된 발의 발등 너머 옆으로 이동시켜 디디며 두 다리의 정강이와 종아리를 서로 교차시켜 X자 모양으로 만든 서기이다. 뒤꼬아서기는 한 발을 앞으로 내디디며 발을 구르거나 짓찧으며 멈출 때 뒤쪽 발의 앞축으로 지면을 디뎌 보조하는 자세로, 두 다리의 정강이와 종아리를 서로 교차시켜 X자 모양으로 만든 서기이다.

■ 범서기

호랑이의 걸음 중 앞발의 움직임을 본떠 붙인 용어이다. 모아서기에서 오른발을 왼발 끝에 한 발 길이로 내딛는다. 왼발을 30˚ 정도 벌려 서며 이때 무릎이 열리지 않도록 주의한다. 체중을 뒷발에 싣고 무릎을 구부려 내려 봤을 때 무릎과 발끝이 일직선이 되게 하며 체중은 뒷발에 90~100% 싣는다.

■ 모서기

나란히서기에서 한 발을 방향을 틀며 내디뎌 대각선 방향으로 섰을 때를 말하고, 체중이 두 다리에 고루실리고 중심은 한가운데 있다. 나란히서기에서 한 발을 앞 또는 뒤로 차이 나게 내딛게 되면 오른쪽, 왼쪽, 구별이 된다. 앞으로는 내딛는 발이 오른발이면 오른 모서기, 반대로 왼발이 앞에 있으면 왼 모서기라 한다.

■ 곁다리서기

몸을 앞으로 빠르게 이동하다가 기술을 수행하기 위해 급히 멈추어 선 자세이다. 곁들인 발은 앞서 딛고 있는 발의 발날등 중간에 앞축의 엄지발가락 부분이 와서 닿게 하며 그발의 뒤축은 들고 발목을 펴서 앞축만 바닥에 닿게 한다. 두 무릎은 주춤서기 높이와 같이 구부려 낮춘다. 몸의 중심이 앞서 디딘 발에 있으며, 곁들인 발은 가볍게 디뎌 준다.

■ 오금서기

한쪽 다리를 주춤서기와 같이 구부린 상태에서 온몸의 체중을 한쪽 발로 지탱하며 다른 발의 발등을 지탱하고 있는 발의 오금에 갖다 붙인 자세이다. 앞으로 뛰어나가는 힘을 딛는 다리 하나로 제동을 걸어 멈추고 뒤따라오는 다리의 발등이 오금에 붙인다.

(2) 딛기

태권도에서 몸의 중심이동과 방향 전환 시 중심축을 활용하는 이동 기술이다. 체중은 두 발의 앞축에 실리도록 하며 이동할 때도 발을 지면에 스치듯이 앞축으로 딛는다. 단, 품새 수련 시 시작한 자리에서 끝내기 위할 때와 지면의 상태가 무르거나 울퉁불퉁할 경우 앞축 회전이 비효율적 일 때는 뒤축이나 발바닥 전체를 이용하여 회전할 수 있다.

■ 제자리딛기

공격과 방어를 준비하면서 상대와 거리를 조절하기 위한 동작이다. 앞발과 뒷발을 서로 교차시키는 발 바꿔 딛기나 자세 바꿔 딛기가 있다.

■ 내딛기

몸의 중심을 이동하기 위해 한 발 또는 두 발을 앞쪽으로 딛는 동작이다. 앞발이 먼저 나가면 '앞발 내딛기', 뒷발이 먼저 나가면 '뒷발 내딛기'이다. 앞축이 지면을 밀어내듯이 나가야하며 몸의 중심이 높아지지 않도록 주의해야 한다.

■ 물러딛기

몸의 중심을 뒤로 이동하기 위해 한 발 또는 두 발을 뒤쪽으로 물러 딛는 동작이다.

■ 돌아딛기

방향 전환을 하기 위해 시계 방향 또는 반대 방향으로 돌려 딛는 동작이다.

■ 옆딛기

몸의 중심을 왼쪽이나 오른쪽으로 이동하기 위해 한 발 또는 두 발을 왼쪽이나 오른쪽으로 옮겨 옆으로 딛는 동작이다.

■ 모딛기

왼발 또는 오른발을 모 방향으로 내딛거나 물러딛는 동작이다.

(3) 뛰기

태권도의 기술 동작을 다양하게 활용할 수 있도록 위로 솟구치는 동작이다. 높이 있거나 멀리 있는 목표물을 가격하거나 상대의 공격을 피하기 위한 기술에 수반되는 동작이며, 가로 또는 세로로 온몸이 한 바퀴 이상 돌기도 하는 동작이다.

■ 멀리뛰기

제자리에서 닿을 수 없는 먼 곳에 있는 목표물을 주먹 또는 발로 가격하기 위하여 지면을 박차고 몸을 멀리뛰는 동작이다.

■ 높이뛰기

제자리에서는 닿을 수 없는 높은 곳에 있는 목표물을 주먹 또는 발로 가격하려고 몸을 아래에서 위로 솟구치는 동작이다.

■ 뛰어넘기

장애물 너머에 있는 목표물을 주먹 또는 발로 가격하기 위해 사람이나 사물 등의 장애물을 뛰어넘는 동작이다.

■ 뛰어들기

공중에서 가로나 세로 방향 또는 옆이나 모 방향으로 몸을 한 바퀴 이상 돌리는 동작이다. 높낮이가 다른 여러 목표물을 다양한 방식으로 가격할 수 있으며 상대의 공격을 공중에서 피할 수 있다. 돌기는 회전방향에 따라 다른 기술과 연계하여 다양한 방식으로 활용된다. 가로돌기는 돌개차기나 540° 뒤후려차기 등에 쓰인다. 세로돌기는 뒤공중돌아 앞차기나 앞공중돌아 내려차기 등에 쓰인다. 모돌기는 모공중돌아앞차기에 쓰인다. 옆돌기는 옆공중돌아 옆차기에 쓰인다.

3) 방어기술

(1) 막기

상대의 공격으로부터 중요 신체부위를 보호하는 기술을 말한다. 막는 기술을 잘 연마하여 아무리 강하고 빠른 공격이 가해진다하여도 다 막아낼 수 있다면 승산은 있으나, 그래도 상대의 계속적인 공격에 밀려 패하기 쉽다. 그러므로 태권도의 방어 기술은 그냥 막는 것이 아니라 손날과 팔목을 단련하여 막을 때 상대의 급소를 쳐내어 큰 충격을 주는 것이다. 즉, 방어가 공격으로 변화되도록 막기 기술도 공격 기술에 못지않게 단련하고 수련하여야한다.

태권도에서는 오므려서 단단하고, 펴서 날카로운 신체부위는 공격 기술에 많이 사용하고, 단단하고 긴 신체부위는 주로 막기 기술에 사용한다. 막기는 중심이 안정된 자세로 막아야 효과가 크다. 다리와 발로 막는 것은 막기 부위가 튼튼하여 좋으나 한 다리로 중심을 유지하게 되므로 이동이 불편하고 중심 유지도 불안정하여 큰 위험에 따른다. 그러므로 언제나 두 팔이 바로 보조할 수 있도록 준비가 되어야한다. 두 다리는 중심 유지에 사용하고 두 팔은 막기 기술에 사용한다. 팔목 막기에는 한쪽 팔목만 사용하여 막는 것을 원칙으로 하며 안팔목과 바깥 팔목이 있는데 주로 바깥팔목 으로 막는 것을 기본으로 한다. 팔목 막기는 한쪽 팔목으로 막는 것이 원칙이나 보조로 다른 한 팔목이 따라올 때는 거들어 준다는 뜻으로 '거들어막기'라고 한다. 또 손날막기는 두 손이 함께 행동하는 것이 원칙인데 한쪽 손날로도 막기를 할 수 있을 때는 손날막기라고 용어가 따로 붙게 되며, 막는 방법에는 몸 바깥에서 안으로 막을 때를 안막기라 하며, 몸 안에서 밖으로 막을 때를 바깥막기라고 정한다. 이러한 막기를 할 때 기준으로 삼고 있는 사항은 다음과 같다.

■ 내려막기

상대의 공격 기술보다 높은 곳에서 내려치거나 누르는 기술이다. 상대가 정면의 복부나 살, 또는 몸의 안쪽 등을 공격해 올 때 '바깥 팔목, 손날' 등을 사용하여 위에서 아래로 또는 바깥으로 내리면서 쳐내거나 제쳐내는 기술이다.

가. 아래막기

바깥팔목을 이용하여 몸의 정면으로 들어오는 상대의 공격을 위에서부터 아래로 몸의 바깥쪽으로 쳐내는 기술이다. 막는 팔의 팔꿈치관절을 구부려 메주먹

부분이 반대쪽 어깨선 앞에서 팔꿈치가 들리지 않도록 하여 자연스럽게 내려막는다. 내려 막을 때 주먹은 팔꿈치를 구부려 단전 앞을 지나 허벅다리 위에서 멈춘다. 막기와 동시에 보조 손의 팔목은 젖힌 주먹으로 장골능 위허리선으로 당긴다.

나. 손날 아래막기

아래막기와 동일하나 사용 부위만 손날로 바꾸어 막는다.

■ 안막기

손이나 발, 팔이나 다리를 사용하여 몸의 바깥쪽에서 안쪽으로 막는 기술로 안막기의 기술을 수행할 때에 완성되는 기준선은 막는 부위가 몸의 중심선까지 와야 한다.

가. 몸통막기

바깥팔목을 사용하여 몸통을 향해 들어오는 상대의 공격을 몸 밖에서 안으로 쳐내는 방어 기술이다. 허리의 틀어지는 회전력과 함께 같은 쪽의 팔과 다리를 이동하면서 막는 경우를 기본으로 한다. 막는 팔목은 어깨높이 정도로 들어 올리며 힘들 빼고 팔꿈치를 구부린 각도에서 팔목을 바깥 방향으로 틀어, 막을 준비를 한다. 이때 보조 손은 팔꿈치를 자연스럽게 구부려 중심선 앞쪽으로 뻗어주며 빠르게 당길 수 있는 상태를 만든다. 막을 때는 허리가 먼저 들어가고 팔꿈치를 안으로 당기며 팔목이 몸의 중심선에 와야 하고, 막는 팔목의 위치는 명치 앞이나 주먹의 높이는 어깨선까지 허용하며, 팔꿈치의 각도는 90~120° 정도 벌린다. 기술 발휘 시 어깨나 팔 힘만으로 막아서는 안된다. 또한 막는 손목은 구부러지지 않아야 한다.

나. 막는 방법은 몸통막기와 동일하나 사용 부위만 손날로 바꾸어 막는다.

다. 바탕손 안막기
바탕손을 사용하여 얼굴이나 몸통으로 들어오는 상대의 공격을 안쪽으로 쳐내어 막는 기술로 몸통과 막는 팔의 움직임은 몸통막기와 같은 형태이다. 몸통을 뒤로 틀었다가 명치 앞으로 쳐 막는다. 이때 바탕손 부분이 명치 앞에 위치하며 손끝이 비스듬히 위를 향한다. 바탕손을 사용할 때는 손목을 뒤로 젖혀야 강하게 막을 수 있다.

■ 올려막기
바깥팔목이나 손날 등을 사용하여 위로 올려 쳐내는 기술이다. 기본적으로는 허리선에서 위로 올리도록 하고 있으나, 많은 수련으로 숙달되면 공격의 속도나 방향에 따라서 시작하는 위치가 허리선보다 높은 곳에서도 빠르게 힘 있는 기술을 발휘할 수 있다.

가. 얼굴막기
상대가 얼굴의 인중을 공격할 때 바깥팔목으로 위로 올려막는 기술이다. 막는 팔은 젖힌 주먹으로 반대팔 팔꿈치 아래 허리선에서 시작하고, 보조하는 반대팔은 주먹등이 위를 향하게 하여 반대편 어깨선 앞에서 시작한다. 막는 팔은 허리를 이용한 몸통의 빠른 회전으로 팔목이 얼굴 중앙선에 오게 한다. 바깥팔목으로 인중 앞을 막아 올리며 이마에서 주먹 하나 정도만큼 떨어지게 하여 얼굴 끝선 높이에서 멈춘다. 이때 팔꿈치는 팔목보다 낮게 하여 대각선 형태로 막는다. 보조손의 팔목은 젖힌 주먹으로 장골능 위 허리선으로 당긴다.

나. 손날 얼굴막기

얼굴막기와 동일하나 사용 부위만 손날로 바꾸어 막는다.

다. 끌어올리기

안팔목을 사용하여 정면의 아랫배 쪽으로 들어오는 상대의 공격을 걷어 올려 막는 기술이다. 상황에 따라서 서기 자세를 정면으로 유지하기보다는 옆으로 비껴서거나 뒤로 물러 디디면서 기술을 발휘하는 것이 효과적이기도 하다. 보조하는 손은 허리를 틀어 감을 때 팔꿈치를 구부려 명치선 앞으로 올렸다가 끌어 올려 막는 동시에 장골능 위 허리선으로 낭긴다. 당김과 동시에 허리를 틀어주며 손과 몸과 다리의 동작이 일치해야 한다.

■ 바깥막기

상대가 공격하여 올 때 안쪽에서 바깥쪽으로 막아내는 기술이다.

가. 바깥막기

바깥팔목으로 몸통을 향해 들어오는 공격을 몸 안에서 바깥방향으로 틀면서 막는 기술이다. 허리선과 어깨선 사이의 가용범위 내에서 동작을 크게 하여 막는다. 막는 바깥팔목이 대각선 형태로 바깥쪽으로 향하고 팔목으로 명치 높이를 막지만 주먹 끝이 어깨선 높이까지 막는 것을 허용한다. 몸통에서 너무 떨어지지 않게 하고 팔꿈치 관절은 아래로 향하며 각도는 90~120°를 유지한다.

나. 얼굴 바깥막기

얼굴을 향해 들어오는 공격을 바깥팔목을 사용하여 몸의 바깥방향으로 틀면서 얼굴 높이로 막는 기술이다. 바깥막기와 비슷하며 팔목의 높이가 인중선에 위치하게 한다. 막는 바깥팔목이 인중 앞을 지나가며 막으며 정면에서 보았을 때 얼굴을 가리지 않게 막는다.

다. 손날 바깥막기

한 손날로 몸통을 향해 들어오는 공격을 몸 안에서 바깥 방향으로 틀면서 막는 기술이다. 바깥막기와 유사한 기술로 막는 부위를 손날로 바꾸어 막는다. 막는 손날은 대각선 형태로 틀어서 막고 손날이 명치 높이로 막지만 손날이 끝이 어깨선까지는 허용한다. 손날을 밖으로 틀어 쳐낼 때, 손날을 뒤로 젖히거나 몸통에서 너무 떨어지지 않도록 주의하며 팔꿈치 관절은 90~120°를 유지한다.

라. 안팔목 바깥막기

안팔목으로 몸통을 향해 들어오는 공격을 몸의 바깥 방향으로 틀면서 막는 기술이다. 바깥막기와 동일한 기술이지만 막는 팔의 주먹등이 아래를 향하도록 뒤집어 막는다.

■ 비틀어막기

몸을 비틀어 진행하고 있는 발의 반대 팔이 기술을 사용함으로써, 상대의 공격을 막을 때 바깥막기보다 더 비켜막는 기술이다. 오른발이 앞으로 나갈 때 왼손으로, 왼발이 앞으로 나갈 때 오른손으로 막으며, 허리가 틀어져 있으므로 연이은 기술을 더 빨리 구사할 수 있다.

가. 얼굴 손날 비틀어 바깥막기

손날 바깥막기와 비슷한 기술이지만 몸통을 비틀어 손날로 상대의 얼굴 공격을 바깥으로 쳐내거나 비켜내고 잡을 수도 있는 기술이다. 손날은 인중 앞을 지나치며 막아야하고 높이가 인중선이다. 몸통을 45° 정도 비틀어서 손날이 몸 바깥선까지 막는다. 손날이 몸 바깥선까지 막으며 팔꿈치 관절은 자연스럽게 아래로 향하게 한다.

나. 안팔목 비틀어 바깥막기

진행하는 발의 반대쪽 팔로 막는 기술이므로 몸을 45° 정도 비틀어 안팔목을 사용하헤여 정면에서 들어오는 상대의 공격을 바깥쪽으로 막는 기술이다. 안팔목 바깥막기와 비슷한 기술이지만 몸통을 더 비틀어 막는다.

■ 가위막기

한쪽 팔은 안팔목으로 몸통 바깥막기를 하고 한쪽 팔은 바깥팔목으로 아래막기를 동시에 수행하는 기술로, 마치 가위가 움직이는 모습과 비슷하다 하여 이름 붙여진 기술이다. 내려 막는 팔의 주먹은 반대팔 어깨선 앞에 위치하고 몸통을 막는 팔은 팔꿈치를 구부려 내려 막는 팔의 팔꿈치 밑에 등주먹을 위로 향하여 위치시킨다. 허리를 틀어서 막으며 두 팔은 가슴 앞에서 동시에 교차시켜서 막는다.

■ 헤쳐막기

상대가 양쪽에서 공격하여 올 때 두 팔목을 엇건 상태에서 몸통의 회전 없이 두 팔의 힘을 균등히 나누어 양쪽으로 헤치며 안 팔목, 바깥팔목, 손날, 손날등으로 동시에 막는 기술이다.

가. 헤쳐막기

바깥팔목 헤쳐막기는 두 바깥팔목을 안쪽에서 바깥쪽으로 동시에 벌리는 힘으로, 상대가 감싸고 있거나 양 어깨를 잡은 상대의 팔을 쳐내어 막는 기술이다. 두 팔을 가슴 앞에서 충분히 교차하면서 주먹의 바닥부분이 몸통 쪽을 향하게 하여 준비한다. 이후 교차된 팔목을 빠르게 틀어 바깥쪽으로 막아낸다. 기술 발휘의 마지막 지점에서 두 바깥팔목이 몸 바깥선을 벗어나지 않도록 하며 주먹의 끝이 어깨선을 넘지 않도록 한다.

나. 아래 헤쳐막기

두 바깥팔목을 아래 몸의 바깥쪽으로 동시에 벌리는 힘으로 양쪽으로 공격해 오거나 감싸고 있는 상대의 팔을 쳐내어 막는 기술이다. '바깥팔목 아래막기'를 두 팔로 동시에 수행하듯이 막는다. 가슴 앞에서 두 주먹이 교차되어 모아진 힘을 단전 앞에서 나누어 바깥쪽으로 내려 쳐낸다. 기술 발휘의 마지막 지점에서 옆으로 두 팔목이 허벅지에서 한 뼘 정도의 간격을 유지하며 막는 팔목이 허벅다리 앞부분 정도에 위치한다. 이때 주먹이 지나치게 세워지거나 엎어지지 않게 비스듬히 내려치도록 한다.

다. 안팔목 헤쳐막기

두 안팔목을 바깥쪽으로 동시에 벌리는 힘으로, 상대가 두 손으로 가슴을 잡거나 밀치는 등의 공격을 할 때 상대의 팔을 쳐내어 막는 기술이다. 두 팔을 가슴 앞에서 교차하고 주먹의 바닥부분이 바깥쪽을 향하게 하여 준비한다. 교차되고 모아진 힘을 나누어 주면서 팔목을 빠르게 틀어 안팔목을 바깥쪽으로 틀어서 막는다. 마지막 지점에서 두 안팔목이 몸 바깥선을 벗어나지 않도록 하며 주먹의 끝이 어깨선을 넘지 않도록 하고 두 팔꿈치가 자연스럽게 아래로 향한다.

라. 아래 손날 헤쳐막기

'아래 헤쳐막기'와 같은 방법으로 수행한다. 이때 손날이 지나치게 세워지거나 손등이 앞으로 보이지 않게 비스듬히 내려치도록 한다.

마. 손날등 헤쳐막기

'안팔목 헤쳐막기'와 같은 방법으로 동작을 수행하며 손끝의 높이는 어깨선까지 허용한다.

■ 외산막기 (=외산틀막기)

상대가 양쪽에서 얼굴과 아래로 공격해 올 때 두 팔로 동시에 옆막는 기술이다. 한 손으로는 '얼굴 안팔목 옆막기'를하고 다른 손은 '아래 바깥팔목 옆막기'를 동시에 수행하는 기술로 편 손의 형태인 손날등과 손날을 사용하여 막을 수도 있다. 이때 시선은 아래 옆막기 하는 쪽을 바라본다.

가. 팔목 외산막기

한쪽 손은 얼굴 측면을 막고, 다른 손은 아래나 측면을 내려 막는 기술이다. 위로 막는 손은 몸통 안팔목 바깥막기처럼 반대편 장골능 위 허리선을 지나가고, 아래 막는 손은 어깨선 앞에서 내려온다. 두 손은 가슴 앞에서 교차하고 위, 아래로 갈라지며 막는다. 동작의 마무리 지점에서 위를 막는 팔은 사용부위가 인중선 높이에서 직각으로 막으며 아래 막는 팔은 명치와 옆구리를 지나면서 막는다. 이때 막는 팔의 손이 허벅지의 측면으로부터 한 뼘 정도의 간격을 두도록 한다.

나. 편손 외산막기

'팔목 외산막기'와 같은 방법으로 수행하며 얼굴 옆막기는 편손의 등 쪽으로 막고, 아래 옆막기는 손날로 막는다.

■ 옆막기

옆으로 넓혀서는 자세(나란히서기, 주춤서기 등)에서 이루어진다. 몸의 옆쪽으로 들어오는 상대의 공격을 밖에서 안으로, 안에서 밖으로 막아내며 여러 가지의 손(안팔목, 바깥팔목, 손날, 손날등)의 사용부위를 활용하여 옆쪽을 막는 기술이다.

가. 옆막기

얼굴을 방어할 때는 팔목이 인중 높이, 몸통은 명치 높이로 막으나, 주먹이 어깨선을 넘지 않는 정도로 허용하고 아래를 막을 때는 허벅다리 옆에서 멈춘다.

나. 손날 옆막기

'바깥팔목 옆막기'와 같은 방법으로 기술을 수행하되 손날로 바꾸어 막는다.
단순히 쳐내거나 걷어내기보다는 잡으면서 연이은 공격의 기술을 활용할 수 있다.

■ 눌러막기

상대의 공격을 위에서 아래로 눌러 막는 기술로 상대가 자신의 몸통을 공격하여 올 때 '바탕손, 바깥팔목, 손날' 등을 사용하여 목표물보다 높은 위에서 아래로 눌러 공격을 저지하는 기술이다.

가. 바탕손 눌러막기

바탕손을 사용하여 정면으로 들어오는 상대의 공격을 위에서 아래로 눌러 쳐서 막는 기술이다. 눌러 막는 바탕손을 세워서 팔꿈치를 명치 높이까지 올려 준비한다. 이후 보조손을 장골능 위 허리선으로 힘차게 당기며 바탕손을 명치 앞으로 눌러 막는다. 상황에 따라 서기 자세를 정면으로 유지하여 막기보다는 옆으로 비켜 내거나 뒤로 물러 디디면서 기술을 발휘하는 것이 효과적일 때도 있다. 막을 때는 어깨관절이 위로 너무 많이 올라가 들뜨거나 멈추지 않도록 주의한다. 또한 막는 순간 팔꿈치와 바탕손은 수평을 이루어야 한다.

■ 태산막기 (=산틀막기)

안팔목과 바깥팔목 또는 두 안팔목으로 동시에 옆막기를 하는 기술이다. 양쪽에서 들어오는 얼굴 공격에 대하여 시계 방향 혹은 시계 반대 방향으로 한쪽 팔은 '얼굴 안팔목 옆막기', 다른 팔은 '얼굴 바깥팔목 옆막기'를 이용하여 '산' 자 모양처럼 동시에 옆막기를 하는 기술이며 손날과 손날등을 사용하여 막을 수도 있다. 막는 상태에서 두 팔의 팔목은 인중 높이에 위치하도록 한다. 안막기를 하는 팔은 뒤쪽에서 앞쪽으로 휘두르며 '안막기'의 형태로 시작하며, 바깥막기를 하는 팔은 앞쪽에서 뒤쪽으로 휘두르며 '얼굴 안팔목 옆막기'의 형태로 시작하여 몸통이 한 방향으로 회전을 하며 두 팔의 기술이 동시에 발휘된다.

가. 태산막기

상대가 동시에 공격하여 올 때 나가는 발족의 손은 바깥팔목을 이용하여 안으로 막고 축이 되는 발 쪽의 손은 안팔목을 이용해 바깥쪽으로 막는 기술이다. 안팔목으로 막는 팔은 얼굴 앞을 지나가며 직각으로 막아야 한다. 얼굴 안막기를 하는 팔은 가동범위를 크게 하여 뒤쪽애서 앞쪽으로 휘두르며 막는다. 막았을 때 두 주먹은 곧게 세워 막는다.

나. 헤쳐 태산막기 (= 얼굴 두 안팔목 옆막기)

두 팔의 안팔목을 사용하여 안에서 바깥으로 얼굴 옆막기를 하는 기술이다. 두 팔목이 허리선에서 교차했다가 얼굴 앞까지 올라오면서 양옆으로 뿌리쳐 내듯이 나누어 막는 기술이다. 막은 순간 두 팔목을 회전시켜 주고 두 팔목이 인중 높이에 위치한다.

■ 금강막기

한쪽 팔목은 얼굴을 올려 막으며 다른 팔목은 아래를 내려막거나 몸통을 바깥 막는다. 내려막을 때 팔은 허벅다리 앞이나 옆으로 내려 막으며 허벅지 앞선에서 한 뼘 정도의 간격을 띄운다. 몸의 안쪽에서 바깥쪽으로 두 팔을 교차하며 동시에 막아야 하고, 이때 시선은 바깥막거나 내려막는 방향을 바라보아야 한다. 올려막기와 함께 다른 막기 기술을 사용할 경우 모두 금강막기의 범주에 속한다.

가. 학다리서기 금강막기

학다리서기를 서며 얼굴막기와 아래 옆막기를 동시에 하는 기술이다. 아래 옆막는 손은 반대 팔의 어깨선 앞에서, 얼굴 막는 손은 반대 팔의 팔꿈치 아래의 허리선에서 시작한다. 두 팔은 가슴 앞에서 교차하고 아래, 위로 동시에 움직이며 막는다. 얼굴을 올려 막는 팔은 팔꿈치보다 팔목이 높게 올라가야 하며 바깥팔목으로 이마 앞에서 멈춰야 한다.

나. 안팔목 금강 바깥막기(= 금강 바깥막기)

두 팔을 가슴 쪽으로 끌어오다가 교차하며 '올려막기'와 '안팔목 바깥막기'를 동시에 한다. 얼굴을 올려 막는 팔은 이마 앞까지 막으며 몸통을 바깥 막는 팔은 몸 바깥선까지 막는다.

다. 손날 금강막기

손날로 얼굴과 아래를 동시에 막는 기술이다. 금강막기는 손날 금강막기와 비슷한 기술이며 주먹을 쥐고 바깥팔목으로 막는다.

■ 황소막기

두 바깥팔목을 사용하여 얼굴을 올려 막는 기술로 상대가 얼굴이나 머리 위쪽을 공격하여 올 때 황소의 뿔 모양으로 두 팔을 머리끝 위로 비스듬히 올려 막는 기술이다. 두 주먹을 '기본준비'자세에서 밑팔목을 위를 향하게 들어 올리다가 어깨 앞에서 주먹을 틀어 바깥팔목으로 올려 막는다. 두 주먹은 얼굴 올려막기보다 높게 올려 막으며 팔목과 이마 사이와 주먹사이는 주먹 하나의 간격을 유지한다. 막기 시 상대의 힘이 사선으로 벗어나도록 팔목의 형태를 대각선으로 유지한다.

■ 거들어막기

거들어 막기는 한 손으로 막기를 할 때 다른 손으로 힘이나 동작을 거드는 기술로, 상대의 공격을 막을 때 좀 더 강한 힘을 내기 위해 다른 손을 같은 방향으로 회전시켜 회전력을 증가시키는 동작이다.

가. 손날 거들어 바깥막기

몸통으로 들어오는 상대의 공격을 안쪽에서 바깥쪽으로 강하게 쳐내거나 제쳐내는 기술이다. 막는 손의 손날을 어깨선 정도 올려 얼굴 쪽을 향하고, 거드는 손은 손바닥이 뒤쪽을 향하여 팔꿈치 관절을 약간 구부린 상태로 뻗으며 동작을 시작한다. 막을 때는 허리를 먼저 틀고 명치 높이에서 멈춘다. 이때 손날 끝의 높이는 어깨선까지 허용한다. 거드는 손의 팔목은 명치 앞이며 몸에 붙지 않게 약간 띄운다. 막는 손과 거드는 손의 손목이 꺾이지 않도록 주의한다.

나. 아래 손날 거들어 막기

막는 방법은 손날 거들어 바깥막기와 유사하며 막는 손날은 손등이 위로 향하게 하여 허벅지 앞으로 내려 막는다. 허벅지 위에서 한 뼘 정도의 간격을 두며, 손목이 구부러지지 않도록 한다. 거드는 젖힌 팔목의 위치는 명치 앞이며 몸에 붙지 않게 약간 띄운다.

다. 거들어 바깥막기

몸통으로 들어오는 상대의 공격을 안쪽에서 바깥쪽으로 강하게 쳐내거나 제쳐내는 기술이다. 손날 거들어 바깥막기와 동일하며 손날 대신에 주먹을 쥐고 한다.

라. 아래 거들어막기

아래로 들어오는 상대의 공격을 위에서 아래로, 바깥쪽으로 강하게 쳐내거나 제쳐내는 기술로 거드는 젖힌 손의 도움을 받아 아래 내려막기를 보다 강하게 할 수 있다. 아래 손날 거들어막기와 동일하며 손날 대신 주먹을 쥐고 한다.

마. 상대가 얼굴로 공격해 올 때 안팔목을 사용하여 앞쪽에서부터 얼굴 바깥 옆쪽으로 강하게 쳐내거나 제쳐내는 기술이다. 막은 손은 주먹 바닥부분이 얼굴을 향하며 어깨관절과 나란히 하고 팔목이 인중선에 위치한다. 거드는 손은 엎은 주먹 형태로 가슴 앞에 두며 막는 팔의 팔꿈치 쪽으로 힘을 보태기 위한 돌려지르기 형태를 취한다.

바. 안팔목 손바닥 거들어 바깥막기

상대가 몸통으로 공격해 올 때 '몸통 안팔목 바깥막기'에 손바닥을 거들어 바깥쪽으로 강하게 쳐내거나 제쳐내는 기술이다. 두 팔은 몸통의 가용범위 내에서 크게 움직이며 바깥막기하는 팔에 손바닥이 나란히 따라붙어 힘을 보태어 준다. 거드는 손바닥은 막는 손의 손목까지 오며, 가운데 손가락을 중심으로 하여 바깥팔목에 붙인다.

사. 손날등 거들어 바깥막기

상대가 몸통으로 공격해 올 때 거드는 엎은 손날등의 도움을 받아 바깥쪽으로 강하게 쳐내거나 제쳐내는 기술이다. 사용하는 부위가 손날등 이므로 손날을 사용하는 모양의 반대쪽으로 '손날 거들어 막기'와 같은 방법으로 동작을 수행한다. 거드는 엎은 팔목은 명치 앞에 위치한다.

아. 안팔목 거들어 바깥막기

'거들어 바깥막기'와 같은 방법으로 동작을 하며 막는 순간 허리와 팔목을 틀어 강하게 막는다. 막는 팔목의 높이는 어깨선까지 허용하며 거드는 팔목은 명치 앞에 위치한다.

■ 아래 안팔목 표적 안막기

상대의 공격을 가상의 손바닥 표적으로 만들어 반대 팔의 안팔목으로 안막기 기술을 훈련하는 것으로 엄지 손가락을 벌려서 표적을 만든다. 이때 표적 손은 단전 앞에서 움직이지 않고 내려치는 안팔목으로 막는다. 주춤서기 자세로 몸과 팔을 틀면서 그 자리에서 방어한다.

■ 걷어막기

상대의 공격을 자신의 몸 바깥쪽으로 걷어 차내거나 손바닥으로 제쳐내어 상대 공격의 진행 방향을 틀어지게 하는 기술이다.

■ 받아막기

상대의 공격을 손이나 발로 받으며 힘을 약화시키는 기술로 상대가 공격할 때 자신의 몸을 공격의 진행 방향 그대로 움직여 충격을 흡수함으로써 통증을 완화하는 기술이다.

가. 발날 받아막기

상대의 차기 공격을 발날로 끊어서 또는 지그시 누르면서 공격이 진행되는 방향과 함께 움직이면서 받아 막는 기술이다. 상대의 차기가 힘을 발휘하기 전의 지점에서 막으며 상대의 차기를 막는 순간에 충격량을 줄이기 위하여 무릎을 살짝 구부리며 완충 역할을 하면서 막는다.

나. 정강이 받아막기

상대의 차기 공격을 차단하거나 충격을 완화시키기 위하여 정강이로 공격이 진행되는 방향으로 받아 막는 기술이다.

■ 엇걸어막기

상대의 공격을 미리 차단하거나 한 팔에 다른 팔의 힘을 더해주는 기술로 상대가 손이나 발로 공격할 때 팔이나 다리 등의 관절 부위가 완전히 펴지기 전에 두 팔목을 엇걸어서 막으면 효과적이다. 두 팔목이 한쪽 옆구리에서 오는 엇걸어막기와 양쪽 장골능 위 허리선에서 오는 엇걸어막기가 있다.

(2) 피하기

상대의 공격에서 벗어나기 위하여 몸을 움직이는 기술로 몸을 왼쪽 또는 오른쪽으로 틀거나 비틀고, 아래로 낮추며 숙이거나 뒤로 젖히며, 딛기를 활용하여 상대의 공격으로부터 피하는 기술이다. 피하기는 막기와 더불어 많이 사용하고 있는 방어기술인데, 상대와 접촉 없이 공격력을 약화시킬 수 있고, 서로 상해를 방지할 수 있기 때문에 매우 효과적이다.

■ 틀어피하기

몸통을 틀어서 피하는 기술로 왼발이 앞에 있을 때는 몸통을 오른쪽으로, 오른발이 앞에 있을 때는 몸통을 왼쪽으로 틀면서 자세를 낮추어 피하는 방법이다.

■ 비틀어피하기

몸통을 비틀며 피하는 기술로 왼발이 앞에 있을 땨는 몸통을 왼쪽으로, 오른발이 앞에 있을 때때는 몸통을 오른쪽으로 비틀어서 허리가 꼬이게 피하는 방법이다.

■ 낮추어피하기

무릎을 구부려 자세를 낮추며 피하는 기술로 몸을 아래로 낮추어 상대의 공격을 피하는 방법이다.

■ 젖혀피하기

윗몸을 뒤로 젖히며 피하는 기술로 자세를 낮추고 몸을 뒤로 젖히면서 상대의 공격을 피하는 방법이다.

(3) 빼기

자신의 팔목이나 몸의 일부를 잡히거나 꺽이는 과정에서, 관절을 틀거나 돌리는 등 여러 방법으로 잡힌 곳을 빼낼 수 있도록 하는 기술이다. 급소 부위, 관절의 가동 범위 그리고 지렛대의 원래를 이해하고 활용한다.

■ 내려빼기

상대방에게 팔목이나 옷깃을 잡혔을 때 잡힌 쪽 발을 한걸음 내디디며 손목을 밑으로 치듯이 내려 빼는 기술이다.

■ 올려빼기

상대방에게 팔목이나 옷깃을 잡혔을 때 잡힌 손목과 같은 쪽 발을 한걸음 내디디며 팔꿈치를 위로 치듯이 올려 빼는 기술이다.

■ 틀어빼기

틀어빼기는 틀어 안으로 빼기와 틀어 밖으로 빼기로 구분한다. 틀어 안으로 빼기는 상대방에게 손목을 잡혔을 때 잡힌 손목과 같은 쪽 발을 한걸음 내디디며 안팔목이 몸의 안쪽을 향하도록 틀어 빼는 기술이다. 틀어 밖으로 빼기는 상대방에게 팔목을 잡혔을 때 잡힌 쪽 팔과 같은 쪽 발을 한걸음 내디디며 팔을 몸 바깥쪽으로 찌르듯이 빼는 기술이다.

■ 돌려빼기

돌려빼기는 돌려 밖으로 빼기와 돌려 안으로 빼기로 구분된다. 돌려 밖으로 빼기는 상대방에게 팔목이나 옷깃을 잡혔을 때 발을 한 걸음 물러디디며 팔을 안에서 바깥쪽으로 돌려 빼는 기술이다. 돌려 안으로 빼기는 상대방에게 팔목이나 옷깃을 잡혔을 때 발을 한 걸음 물러디디며 팔을 바깥에서 안쪽으로 돌려 빼는 기술이다.

■ 휘둘러빼기

상대에게 팔이나 옷깃 등을 잡혔을 때, 자신의 팔꿈치나 어깨를 사용하여 팔을 크게 휘둘러 잡혔던 손을 놓치게 하여 빼내는 기술이다.

■ 멍에빼기

상대가 뒤에서 껴안았을 경우 두 무릎을 빠르게 굽힘과 동시에 두 팔꿈치 관절을 수평으로 들어 올리며 상대의 잡은 팔과 몸 사이에 약간의 공간이 생겼을 때, 즉시 반격하여 빠져나오는 방법이다.

4) 공격기술

(1) 지르기

팔을 이용하여 공격을 가할 때 힘은 몸통의 회전력, 즉 원심력을 이용하는데, 이때 팔꿈치를 뻗으며 주먹이 일직선 형태로 움직여 목표 지점을 가격하는 것을 지르기라 한다.

■ 지르기 방법

〉 상체를 바로 세우며 어깨를 자연스럽게 편 상태에서 지르는 주먹은 손등을 아래로 하고 허리(장 골능 윗부분)에 갖다 대며, 반대편 보조 주먹은 대각선 형태로 손등을 위로하고 목표 앞에 팔꿈치를 조금 구부려 위치시킨다.

〉 겨드랑이가 벌어지지 않은 상태에서 허리의 반동을 최대한 이용해 직선으로 두 어깨의 정가운데 목표 높이로 지르는 동시에 반대편 주먹을 빠르게 당긴다. 당기는 주먹은 목표와 일직선상에서 빠르게 당겨 허리(장골능윗부분)에 갖다 붙인다.

〉 지르는 동시에 주먹을 안쪽으로 틀어 손등이 아래에서 위를 향하게 하며 구부렸던 팔꿈치를 펴면서 뻗는 힘으로 지른다.

〉상대의 목표(얼굴, 몸통, 아래) 부위를 정확하게 주먹으로 직각이 되도록 가격한다.

〉겨드랑이가 벌어지면 팔꿈치가 몸에서 떨어져 지르는 힘이 분산되어 가격력이 약해진다.

〉보조손의 당기는 동작이 골반과 허리의 회전에 도움을 주어 반대쪽 장골능위(허리)에 있던 지르는 주먹을 빠르게 나가게 한다.

〉측면에서 봤을 때 어깨는 서기의 형태에 따라 약간 앞으로 나가도 무방하다.

가. 얼굴 지르기

얼굴의 대표적인 목표, 인중을 지를 때 사용하고 인중과 일직선상에 주먹을 위치시킨다.

나. 지르기

몸통의 대표적인 목표, 명치를 지를 때 사용하고 명치와 일직선상에 주먹을 위치시킨다.

다. 아래 지르기

아래의 대표적인 목표, 단전을 지를 때 사용하고 단전과 일직선상에 주먹을 위치시킨다.

■ 바로 지르기

서기의 다리를 앞, 뒤로 넓혀 딛고서(앞굽이, 뒷굽이 관계없이) 뒤에 있는 다리쪽의 주먹으로 지르기 할 때를 말한다.
근육, 신경기관, 운동기관 등이 밀접하게 움직여 균형을 잡아주고 안정성을 높여서 효율적인 동작을 할 수 있는 자세이다.

■ 반대 지르기

서기의 다리를 앞, 뒤로 넓혀 딛고서(앞굽이, 뒷굽이 관계없이) 뒤에 있는 다리쪽의 주먹으로 지르기 할 때를 말한다.

■ 세워지르기

주먹을 세워서(메주먹이 아래로 향하게) 지르기를 할 때를 말한다. 상대가 비교적 가까운 거리에 있을 때 팔꿈치를 구부린 채 지를 수도 있다. 발을 견고히 딛고 무릎과 골반으로 중심을 잡아 가슴 앞에 있는 보조손을 허리(골반)반동이 발생하는 순간에 장골능 위 허리선으로 힘차게 당긴다. 허리(골반) 반동을 통한 당기는 힘과 속도를 지르는 주먹에 전달한다.

■ 젖혀지르기

주먹을 뒤집어 가까이 있는 상대를 가격할 때를 말한다. 주먹등이 위로 향한 상태로 팔목 부분이 장골능 위 허리선에 위치하게 한 다음 주먹을 젖혀 지른다. 보통의 회전 방향이 반대이다. 지를 때 등주먹이 아래를 향하고 팔꿈치는 120도 이내로 구부린다. 두 주먹을 동시에 젖혀지르면 두 주먹 젖혀지르기다.

■ 올려지르기(= 치지르기)

주로 가까이 있는 상대의 턱을 가격하며 주먹을 장골능 위에서 위로 올려 지르기 할 때를 말하며 엎은 주먹 형태로 장골능 위 허리선에서 팔꿈치를 올려 지른다.

■ 돌려지르기

지르는 주먹의 반대쪽에 있는 목표를 향하여 팔을 돌려 옆으로 돌려지르기 할 때를 말한다. 목표를 향하여 일직선으로 나가지 않고 둥글게 휘듯이 돌려지른다. 상대가 비교적 가까이 있을 때 허리(골반)와 어깨의 틀어지는 힘으로 지른다. 옆구리나 옆얼굴 등을 목표로 하여 팔꿈치는 다 펴지 않고 목표의 위치에 따라 자연스럽게 구부린다.

■ 내려지르기

허리를 굽혀 주먹을 위에서 아래를 향하여 내려지르기 할 때를 말하며 주로 지면에 고정된 물체를 가격하거나 아래에 있는 목표물을 지를 때 사용한다.

■ 금강지르기

한쪽 손으로는 얼굴막기를 하며 동시에 다른 주먹으로는 앞이나 옆에 있는 목표물의 얼굴 또는 몸통 지르기 할 때를 말한다.

■ 쳇다리지르기

두 주먹을 몸통 높이로 동시에 지르기 할 때를 말한다. 두 팔의 모양이 눕혀놓은 "ㄷ"자 모양이 된다. 이때 두 주먹을 동시에 지르며 오른 주먹이 왼 팔목 위치 정도 까지 지른다. 오른 뒷굽이 시 몸이 45도 측면으로 되어 왼쪽 어깨가 앞으로 나가게 된다. 오른 팔꿈치를 약간 굽히며 왼 주먹은 왼 팔뚝과 두 주먹 간격 정도로 띄운다. 작은 돌쩌귀에서 지르며 두 팔은 평행이다.

■ 당겨지르기

상대가 도망가거나 피하지 못하도록 몸이나 옷깃을 붙잡고 충격을 크게 주기 위하여 끌어당기면서 젖혀 지르는 기술이다.

■ 표적지르기

어느 한 곳을 표적으로 정하고 그곳을 주먹으로 지르는 기술이다.

(2) 치기

몸의 회전력을 이용해 팔로 공격을 할 때 신체의 단단하거나 뾰족한 부위로 상대의 급소를 가격하며 팔꿈치를 굽히거나 뻗은 채로 손이나 주먹을 이용하여 목표를 가격하는 것을 말한다. 치기는 가격에 동원 가능한 인체의 모든 신체 부위를 사용할 수 있는 활용범위가 매우 넓은 기술이다. 무릎 관절을 굽힌 채로 공격하는 것도 차기라 하지 않고 치기라 한다.

■ 앞치기

가. 바탕손 앞치기

바탕손을 사용하여 앞에 있는 목표를 치는 기술이며, 주로 상대의 명치나 턱을 공격하는 데 사용한다. 가슴 앞에 있는 보조손을 골반과 허리의 반동과 함께 장골능 위 허리선으로 당긴다. 반대쪽에 있던 바탕손은 팔꿈치가 벌어지지 않도록 하며 곧게 뻗어서 앞치기 한다. 손끝을 위로 향하게 한 상태에서 45도 정도 옆으로 돌려 가격한다.

나. 아금손 앞치기(= 칼재비)

아금손을 사용하여 앞에 있는 목표를 치는 기술이다. 상대의 목, 턱을 공격하는 경우와 무릎 관절을 꺾는 용도로 사용할 수 있다. 목을 칠 때는 바탕손 앞치기와 동일한 방법으로 하되 아금손으로 가격한다. 무릎 관절을 눌러 꺾을 때는 아금손 형태를 만들어 손바닥을 위로 향하여 가슴 높이까지 올린 다음 힘차게 내리며 틀어서 눌러 꺾는다.

다. 얼굴 등주먹 앞치기

등주먹으로 앞에 있는 목표를 치는 기술이다. 집게손가락과 가운데 손가락의 첫 마디 주먹등 쪽을 사용한다. 치는 손의 주먹등이 위로 향하게 하여 반대편 장골능 위에서 겨드랑이를 스치며 올려 안으로 곡선을 그리며 인중을 등주먹으로 친다. 보조하는 팔을 힘차게 당기고 가동범위를 크게 하여 빠르게 친다. 당기는 보조 팔과 치는 팔은 명치 앞에서 교차하고 몸은 자연스럽게 측면으로 틀면서 친다.

라. 메주먹 앞치기

메주먹을 이용하여 상대의 머리나 어깨, 가슴 등을 수직으로 내려치는 기술이다. 몸통의 회전과 함께 뒤로 당겼던 팔꿈치 관절을 앞으로 펴면서 친다. 허리를 트는 동작과 잘 연결시키거나 내딛는 발을 앞으로 멀리 디뎌 동작 시 회전력을 크게 할 수 있다. 교차한 보조 팔을 당기며 골반을 틀어 허리가 먼저 들어가고 팔꿈치가 따라 들어가며 메주먹이 나중에 나간다.

■ 바깥치기

등주먹, 메주먹, 손날, 손날등 등을 활용하여 몸 바깥쪽에 있는 목표를 안쪽에서 바깥쪽으로 가격하는 기술이다. 허리를 트는 동작에 이어서 어깨관절, 팔꿈치 관절의 순서로 펴며 목표를 가격한다.

가. 얼굴 등주먹 바깥치기

등주먹을 사용하여 바깥쪽에 있는 목표인 인중이나 턱 또는 관자놀이 등을 가격한다. 치는 등주먹은 반대편 어깨선에서 팔꿈치를 접어 세운주먹으로 시작해 상대의 인중 높이로 친다. 허리를 트는 회전력을 이용하여 어깨관절, 팔꿈치 관절 순으로 팔을 펴면서 친다.

나. 목 손날 바깥치기

손날로 바깥쪽에 있는 목표를 치는 동작으로 등주먹 바깥치기와 비슷한 기술이다. 주로 상대의 목을 공격하고, 상대의 몸통 높이를 공격할 때는 갈비뼈 아래쪽 끝부분을 목표로 한다.

■ 안치기

메주먹, 손날, 손날등, 곰손, 바탕손 등을 사용하여 바깥쪽에서 안쪽으로 돌려치는 기술이다. 허리와 어깨관절의 안쪽으로 회전시키는 힘을 이용한다.

가. 목 손날 안치기

손날로 안쪽에 있는 목표를 치는 기술로 주로 상대의 목을 가격하고 관자놀이나 갈비뼈 아래쪽 끝부분을 목표로 하기도 한다. 한 손으로 칠 때, 어깨 위에서 손바닥을 바깥쪽으로 틀어 안으로 치기 시작한다. 보조하는 반대 손은 앞으로 뻗었다가 치는 동시에 장골능 위 허리선으로 당기며 허리와 몸통의 회전력을 크게 해준다. 몸통이 안으로 틀어져 들어가고 팔꿈치가 따라가며 손날이 틀어지며 친다. 이때 팔꿈치가 과도하게 펴지지 않도록 손날에 힘을 모아 친다.

나. 메주먹 안치기

메주먹으로 안쪽에 있는 목표를 치는 기술로 상대의 옆구리, 목 등을 가격한다.

다. 두 메주먹 안치기

두 손의 메주먹으로 동시에 안쪽에 있는 목표를 치는 기술로 상대의 목 또는 옆구리를 가격할 수 있다. 두 손으로 칠 때는 두 팔목이 위에서 아래로 내려오며 안으로 회전시키며 가격한다.

■ 내려치기

가. 메주먹 내려치기

메주먹으로 아래의 목표를 치는 기술로 상대의 정수리나 신회혈 또는 쇄골을 목표로 한다. 앞으로 내려치는 경우에는 허리를 뒤로 틀면서 원을 크게 그려 동작을 크게 하여 보조하는 팔을 힘차게 당기며 내려친다. 옆으로 내려치는 경우에는 치는 팔을 반대쪽 겨드랑이 안품으로 접었다가 바깥쪽으로 회전시켜 가동범위를 크게 해 가속하여 내려친다.
(*손날 내려치기: 손날로 아래쪽의 목표를 내려치는 기술로 메주먹 내려치기와 비슷한 기술이다.)

나. 팔꿈치 내려치기
팔꿈치로 아래쪽의 목표를 치는 기술로 상대의 급소를 내려칠 때 사용한다.

다. 등주먹 내려치기
등주먹으로 아래쪽의 목표를 치는 기술로 팔꿈치 관절을 완전히 펴지 않도록 하고 체중을 실어서 가격한다.

라. 손날등 내려치기
손날등으로 아래쪽의 목표를 치는 기술로 '손날등 안치기'와 마찬가지로 손목 관절, 팔꿈치 관절의 굽힘이 없이 아래로 내리는 힘만으로 아래에 있는 목표물을 가격한다.

■ 올려치기

가. 팔꿈치 올려치기

팔꿈치로 위쪽의 목표를 올려치는 기술로 상대의 턱 등을 가격한다. 보조하는 손을 명치 앞으로 뻗어주고 치는 손의 주먹을 젖힌 주먹의 형태로 장골능 위 허리선에 붙인다. 보조 손을 장골능 위 허리선으로 당기며 주먹을 틀어 세운 주먹 형태로 만들어 주며 팔꿈치를 들어 올리는 느낌으로 몸 안쪽을 향해 약간 비스듬히 올려 친다.

나. 무릎 올려치기

무릎으로 위쪽의 목표를 치는 기술로 양손으로 상대의 어깨나 목, 머리를 잡아 당기는 동시에 상대의 얼굴 또는 명치 부위를 가격한다. 허리의 힘을 이용하여 무릎을 접어 목표를 향하여 빠르게 올려친다. 양손은 주먹을 쥔 상태에서 무릎치기 하는 다리의 복숭아뼈 위까지 끌어 내린다.

■ 옆치기

'팔꿈치, 등주먹, 메주먹, 손날' 등으로 옆쪽에 있는 상대의 얼굴이나 몸통을 주춤서기 자세처럼 옆으로 벌려 서서 가격하는 기술이다. 시선은 치는 쪽을 향한다.

■ 멍에치기

두 팔꿈치로 양옆의 목표를 동시에 가격하는 기술이다. 가슴 앞에서 두 팔의 주먹등을 위로 하여 두 주먹을 몸 바깥선쪽으로 많이 교차하여 힘차게 양쪽으로 벌리며 친다.

■ 돌려치기

'팔꿈치, 무릎' 등을 밖에서 안으로 틀어 허리의 비틀림과 어깨관절 또는 엉덩관절의 회전을 이용하여 수평 형태로 가격하는 기술이다. 팔꿈치로 상대의 턱이나 관자놀이, 명치 등을 가격할 수 있고, 무릎으로 명치나 옆구리 등을 가격할 수 있다.

■ 뒤치기

'팔꿈치' 등으로 뒤에 있는 상대나 목표를 가격하는 기술이다. 특히 뒤에서 붙잡을 때 팔꿈치 관절을 접어서 뒤에 있는 상대의 얼굴이나 명치 등을 가격할 수 있다.

■ 제비품치기

방어하는 팔은 '손날 얼굴막기'를 하고 다른 팔로는 '바탕손 앞치기' 또는 '손날 안치기'를 하여 상대의 턱이나 목을 가격하는 기술이다.

가. 목 제비품 안치기

'손날 안치기'를 '손날 올려막기'와 동시에 아주 빠르게 하는 기술이다. 얼굴 막는 손날의 손바닥이 위를 향하게 하여 반대편 장골능 위 허리선에 위치시키고, 안으로 치기 할 손은 손등이 어깨쪽을 향하게 한다. 이후 한 손날 얼굴막기와 한 손날 목치기를 동시에 한다. 허리를 틀며 어깨가 들어가고 손날이 따라 들어가며 마지막에 손목을 틀어친다.

(*턱 제비품 앞치기: '바탕손 앞치기'를 '손날 올려막기'와 동시에 하는 기술이다.)

■ 당겨치기

가. 턱 등주먹 당겨 거들어 앞치기

상대가 움직이거나 도망가지 못하게 한 손으로 상대를 잡아당기며 다른 손의 등주먹으로 턱을 가격하는 기술이다. 치는 팔은 허리를 뒤로 틀며 등주먹 부분이 뒤쪽을 향하게 하여 어깨 측면에 둔다. 앞으로 뻗은 보조 손으로 상대의 어깨나 가슴 등을 잡아당기며 주먹을 틀어 앞으로 친다. 당기 주먹은 손등이 위로 향하게 하여 치는 팔의 팔꿈치를 받쳐 거든다.

■ 표적치기

가상의 상대를 대상으로 한쪽 손으로 표적을 만든 다음, 다른 쪽 팔의 메주먹, 팔꿈치 등으로 표적을 가격하는 기술이다. 표적이 되는 손의 손바닥을 펴서 표적을 만들고, 치고 난 후 표적의 손으로 주먹을 잡지 않는다. 허공을 치는 것이 아니라 정확한 표적을 설정함으로써, 지나치게 큰 동작을 방지하고 실제로 표적을 치는 수련 효과를 얻을 수 있다.

가. 아래 메주먹 표적 안치기

자신의 손바닥을 표적으로 만들어 메주먹으로 내려 안으로 치는 기술이다. 두 손을 머리 위에서 겹쳐 양쪽의 아래로 서서히 내린다. 어깨선을 지날 때 한 손은 서서히 주먹을 말아쥐고 한 손은 표적을 만든다. 단전 앞에서는 표적이 된 반대쪽 손을 메주먹으로 친다. 이때 메주먹으로 칠 때 겨드랑이는 붙이며 팔꿈치는 살짝 구부려 단전에서 한 뼘 정도 띄운다. 표적이 된 손은 엄지손가락을 붙이고 메주먹을 감싸지 않는다.

나. 얼굴 메주먹 표적 안치기

자신의 손바닥을 표적으로 만들어 메주먹으로 안치기 하는 기술이다. 표적이 되는 한 손의 엄지손가락은 벌려 펴서 표적을 만든다. 표적이 된 손은 메주먹을 감싸지 않는다.

다. 팔꿈치 표적 앞치기

자신의 손바닥을 표적으로 만들어 허리를 틀어 팔꿈치를 앞으로 돌려치는 기술이다. 표적이 되는 팔을 앞으로 뻗는다. 표적이 되는 손을 가슴 앞으로 당기며 앞으로 치는 팔꿈치의 손등이 위를 향하게 하여 가슴 앞에서 표적을 친다. 표적을 만드는 손의 엄지손가락은 붙이며 표적을 칠 때 허리를 틀어준다. 팔꿈치로 손바닥을 치며 표적의 손가락은 구부리지 않는다.

■ 거들어치기

가. 얼굴 팔꿈치 거들어 돌려치기

앞에 있는 상대의 얼굴이나 몸통을 가격할 때 다른 손바닥으로 거들어 팔꿈치로 돌려치는 기술이다. 거드는 손바닥이 가슴 앞으로 와서 돌려치는 순간에 주먹에 대어 정확성과 큰 힘을 내도록 도와준다. 거드는 손은 엄지손가락을 붙이고 손바닥은 펴서 주먹을 감싸지 않는다.

나. 팔꿈치 거들어 옆치기

옆에 있는 상대를 팔꿈치로 가격할 때 다른 손바닥으로 주먹을 밀어 거들어 치는 기술이다. 치는 팔꿈치의 주먹이 반대편 몸 바깥선까지 와서 거드는 손의 바닥에 대고 거드는 손이 밀어주는 힘을 이용하여 팔꿈치를 옆으로 친다. 거드는 손의 손끝은 위로 향하게 하고 주먹을 감싸지 않는다. 체중을 실어서 치며 거드는 손은 치는 팔꿈치 쪽 가슴 앞까지 밀어준다.

다. 얼굴 등주먹 거들어 앞치기

앞에 있는 상대의 얼굴을 가격할 때 거드는 주먹의 도움을 받아 등주먹으로 앞치기 하는 기술이다. 치는 형태는 등주먹 앞치기와 비슷하며 두 손 모두 동작을 크게 하여 허리를 틀어 큰 힘을 내도록 한다. 거드는 팔목과 명치 사이는 조금 띄우며 거드는 손과 치는 손은 동시에 움직인다.

라. 목 아금손 거들어 앞치기(= 거들어 칼재비)

한 손으로 눌러 막으며 거드는 손등의 도움을 받아 아금손을 사용하여 앞에 있는 목표를 치는 기술이다. 가슴 앞의 보조 손으로 상대의 공격을 누르며 손등으로 공격하는 다른 팔의 팔꿈치를 받쳐주며 거드는 역할을 한다. 목을 칠 때는 팔꿈치가 벌어지지 않도록 하며 곧게 뻗어서 아금손으로 가격한다.

(3) 찌르기

손끝으로 상대의 급소를 가격하는 기술로 지르기 기술과 같이 손끝과 팔목을 일직선으로 만들어 수행하되 사용부위의 면적을 작게 하여 상대의 급소에 강한 충격을 전달할 수 있는 기술이다. 한손끝, 두손끝, 세손끝 등을 활용하여 눈이나 목 등을 가격할 수도 있다. 한손끝이나 가위손끝을 사용하는 '한손끝 찌르기'와 '가위손끝 찌르기'의 경우, 강하게 상대를 공격하는 것보다 목젖이나 눈과 같이 상대적으로 매우 약한 주요 급소 부위를 빠르고 정확히 가격한다.

■ 세워찌르기

손끝을 세워 편 손끝으로 상대의 명치 등을 날카롭게 공격하는 기술이며 세워 찌른 손의 손목과 팔꿈치는 곧게 편다.

■ 엎어찌르기

엎은 손끝으로 상대의 목과 명치 같은 급소를 공격하는 기술이며 찌르는 손끝은 길이를 같게 하여 모으고 손목과 팔꿈치는 곧게 편다.

■ 젖혀찌르기

손바닥을 뒤집은 형태로 상대방의 아랫배나 샅 등을 공격하는 기술이다.

■ 거들어 세워찌르기

손끝으로 거드는 손등의 도움을 받아 상대의 명치 등을 날카롭게 공격하는 기술이며 세워 찌른 손의 손목과 팔꿈치는 곧게 편다.

■ 오금서기 거들어 세워찌르기

앞으로 뛰어 들어가며 오금서기를 하면서 한 손으로 눌러막기를 하고 연이어 다른 한 손으로 깊숙이 세워찌르기를 하는 기술이다.

(4) 잡기

상대의 몸이나 옷깃 등을 손으로 잡는 기술로 상대의 신체 일부를 손으로 잡아 움직임을 방해하거나 움직이나 못하도록 하는 기술이다.

■ 감아잡기

가. 감아 손목잡기

상대의 손목을 비틀어 잡는 막는 기술이다.

■ 뻗어잡기

가. 발목잡기

상대가 차기로 공격할 때 상대의 발목을 자신의 아금손으로 아래에서 위로 올리며 빠르게 낚아채며 잡는 기술이다. 주로 뒤로 피하며 잡을 때가 효율적이다.

나. 머리잡기

가까운 거리에 있는 상대의 머리를 두 손으로 감싸 잡거나 머리카락을 움켜 잡아당기며, 주로 자신의 무릎을 이용하여 칠 때 사용되는 기술이다.

다. 어깨잡기

상대의 어깨를 한 손으로 감싸 당기거나 옷을 잡아당기며 주먹으로 턱을 올려치거나 팔꿈치로 돌려치기를 할 수 있고, 두 손으로 잡아당기며 무릎치기를 할 수 있는 기술이다.

라. 집게손 목잡기
엄지와 검지를 이용하여 상대의 목젖을 잡아서 비틀며 당기는 기술이다.

■ 올려잡기
자신의 얼굴을 향해 손이나 주먹으로 내려치기 할 때 아금손 형태의 손바닥을 위로 올리며 잡아 막는 기술이다. 엄지를 벌려 손바닥 전체로 잡아막기를 해야 충격을 줄일 수 있으며 정확하게 잡기 위하여 올바른 시선과 순간 포착이 중요하다.

(5) 밀기
상대를 손이나 발로 밀거나 밀쳐냄으로써 상대와의 거리 조절을 통해 공격할 수 있는 공간을 확보하거나, 상대의 공격 가능한 거리로부터 멀리 벗어나기 위한 기술이다. 상대의 가슴이나 어깨 부위를 손바닥 등으로 밀쳐내며, 천천히 하는 밀기 동작은 호흡 조절을 통해 정신과 신체가 혼연일체를 이루기 위해 사용한다.

밀기는 크게 밀어내기와 밀쳐내기로 나뉜다. 밀어내기는 상대방의 몸에 손이나 발을 댄 채 상대방을 미는 동작이며, 밀쳐내기는 손이나 발로 상대방의 몸을 순간적으로 튕겨내듯 미는 동작이다. 같은 밀기 동작이라도 상대방의 몸에 손을 댄 채로 상대방을 미는 것과 미는 시점에서만 순간적으로 상대방을 미는지에 따라 힘의 쓰임은 달라진다.

■ 바위밀기
마치 큰 바위를 미는 듯한 생각으로 두 손에 힘을 집중하는 기술이다. 상대방이 힘주어 감싸 안았을 때를 가정하고 옆쪽에서부터 앞쪽으로 밀어낸다. 두 손을 오른쪽 장골능 위 허리선과 옆구리에 대각선 형태로 전면을 향하여 갖다 붙인다. 오른손을 아래로, 왼손을 위로 오게 하여 손을 펴서 뒤로 젖히어 손바닥 부분이 앞쪽 대각선 방향으로 향하게 한다. 온몸에 힘을 주어 서서히 수행하되 숨을 내쉬며 허리와 몸통이 먼저 틀어져 들어가고 팔꿈치가 바탕손을 미는 형태로 밀어 올린다. 허리를 30도 정도 틀며 두 팔의 내각은 120도 정도이다. 얼굴 앞의 바탕손은 대각선 형태를 취하며 양 팔꿈치는 들리지 않고 자연스럽게 아래를 향해야 한다. 두 손끝의 높이는 얼굴 끝선과 같으며, 간격은 바른 주먹 하나 사이로 자신의 이마 앞과 일치하도록 하여 두 손 사이로 이마가 내다보이며 시선을 확보한다.

■ 태산밀기

마치 거대한 산을 미는 듯한 느낌으로 정신을 집중하고 호흡을 조절하며 아랫배에 힘을 모아서 미는 기술이다. 두 손은 양 쪽의 허리선에서 손등이 위를 향하여 바탕손 모양을 만든다. 두 손은 동시에 몸 가운데로 가져오다가 앞발쪽 손끝은 아래로 향하고 뒷발 발쪽 손끝은 위로 향하게 한다. 위의 손은 인중 앞쪽에 팔꿈치를 곧게 편 상태에서 멈추고, 아래 손은 단전 앞쪽에 팔꿈치를 편 상태에서 멈춘다. 두 바탕손은 길이를 같게 하여 몸의 중심선에 위치한다.

■ 날개펴기

새가 날개를 펴는 모습의 동작으로 손을 가슴 앞까지 끌어올린 다음 두 손을 두 어깨관절의 높이에서 손끝이 위를 향하게 하고 팔꿈치 관절을 옆으로 곧게 펴며 두 손바닥을 양쪽으로 밀어내는 기술이다. 겹손자세에서 손을 가슴 앞까지 끌어올린다. 두 손을 양옆으로 벌려 손바닥으로 양어깨 옆으로 민다. 가슴까지 손을 끌어올릴 때는 숨을 들이마시고, 옆으로 밀어내며 숨을 내뱉는다. 손끝이 위를 향하게 하고 팔꿈치를 옆으로 곧게 편다.

(6) 꺾기

호신겨루기에 많이 사용되며 상대의 관절을 누르거나 비틀어서 상대가 움직이지 못하도록 제압하는 기술이다. 꺾기는 우선적으로 상대를 잡거나 고정시킨다는 전제 하에 이루어지며, 관절의 가동범위 이상으로 더 비틀거나 접거나 누름으로써 상대에게 고통과 위험을 느끼게 하여 반격 의지를 상실하도록 한다. 가까운 거리에서 상대방에게 잡혔을 때나 상대를 잡았을 때 사용하고 힘을 쓰는 방법에 따라 두 가지로 나뉜다. 상대방의 팔꿈치나 무릎 등을 수직으로 누르면 눌러꺾기, 상대방의 손목이나 발목을 왼쪽이나 오른쪽으로 비틀면 비틀어꺾기이다. 또한 손가락을 누르거나 젖혀 꺾을 수 있다.

■ 눌러꺾기

손날이나 바탕손으로 상대의 팔꿈치, 어깨, 무릎 관절을 누르면서 꺾는 기술이다. 눌러꺾기를 할 때 상대방의 팔꿈치나 무릎 등은 수직으로 눌러야 하며 관절 부위에 체중이 실리도록 몸의 중심을 낮추어 눌러야 한다. 또한 상대방의 발목이나 오금 등을 발로 걸면서 눌러 꺾으면 상대방의 중심을 쉽게 무너뜨릴 수 있다.

■ 비틀어꺾기

상대방에게 손목이나 옷깃을 잡혔을 때 상대방의 팔을 비틀어 꺾는 기술이다. 상대방의 팔을 왼쪽이나 오른쪽으로 돌리며 비틀어 꺾는다. 한 손은 상대방이 잡고있는 손이 빠져나가지 못하도록 붙잡고 다른 한 손으로 비틀어 꺾어야 한다. 또한 몸을 여러 곳으로 움직이면서 비틀어 꺾으면 상대방의 중심을 쉽게 무너뜨릴 수 있다.

■ 걸어꺾기

상대방에게 손목이나 옷깃을 잡혔을 때 손목을 잡으면서 상대방의 관절을 고정시킨 후 지렛대의 원리를 이용하여 관절 가동범위 이상으로 꺾는다. 특히 걸어주는 위치가 움직이지 않도록 주의해야 한다.

(7) 넘기기

호신겨루기에서 많이 사용되며 상대방의 중심을 무너뜨리기 위해 다리를 걸거나 들어서 넘기는 기술이다. 상대방의 옷깃을 잡아당기거나 밀치며 상대의 중심을 무너뜨릴 수 있다.

■ 걸어넘기기

상대방 발목이나 오금 등을 발로 걸어 넘어뜨리는 기술이다. 이때 상대방의 중심을 쉽게 무너뜨리기 위해 상대방의 팔이나 멱살 등을 손으로 잡아당기거나 상대의 가슴이나 어깨를 손으로 밀치면서 넘어뜨린다.
상대방을 손으로 밀칠 때는 자신의 팔꿈치가 완전히 펴질 정도록 뻗어주고, 당길 길때는 팔꿈치를 몸의 안쪽으로 최대한 접는다. 상대방의 몸을 가능한 큰 폭으로 움직이게 하면 좀 더 쉽게 넘어뜨릴 수 있다.

■ 들어넘기기

상대방 중심을 무너뜨리기 위해 상대의 다리를 들어 올리며 넘기는 기술이다. 두 손으로 상대방의 오금을 잡은 후, 아래에서 위로 솟구치는 허리 힘을 이용하여 들어서 넘어뜨린다. 이때 상대방과 몸을 밀착한 후 허리를 곧게 편 채 지면과 수직 방향으로 상대방의 다리를 들어올려야 한다. 상대방을 업어서 앞으로 넘겨매치는 업어넘기기 기술도 있다.

(8) 차기

발을 끌어올려 상대의 목표를 가격하는 것을 차기라 한다. 이때 무릎을 굽혀 접었다가 펴는 힘 또는 펴져 있는 다라의 무릎을 굽히는 힘으로 차기도 하고, 또 편 채로 다리를 돌리거나 몸의 회전력을 이용하여 다리를 휘두르는 힘으로 상대를 가격하기도 한다. 발기술(차기)이 손기술(지르기)보다 힘으로 보았을 때 3배 정도 크지만, 중심을 잡지 못할 때, 그리고 정확하지 않거나 상대에게 막히고 잡힐 정도의 느린 속도일 때는 이 힘을 제대로 활용하지 못하게 된다. 만약 실수로 상대를 가격하지 못하게 되면 차는 동작 이상으로 힘의 소비가 크고 상대의 반격을 받을 수도 있다. 그러므로 발기술을 많이 단련하여 손기술 못지않게 사용할 수 있도록 해야 한다.

■ 올려차기

무릎을 편 상태로 앞쪽의 상대를 무릎과 샅을 거쳐 턱까지 가격할 수 있도록 앞축으로 힘차게 뻗어 올리는 기술이다. 앞축을 만들어 상대의 무릎부터 턱까지 차서 올린다는 생각으로 힘차게 무릎을 뻗어서 차올린다. 이때 지지하는 발의 무릎을 지나치게 굽히지 않도록 한다. 숙련자는 등 뒤의 상대를 가격할 수 있을 정도로 허벅지가 가슴에 닿도록 힘차게 차올린다.

■ 앞차기

무릎을 접었다 펴며 앞에 있는 상대의 몸통이나 얼굴을 차는 기술이다. 상황에 따라 앞축, 발등, 발끝, 뒤축, 발바닥으로 찰 수 있다. 무릎을 접어 올렸다가 가슴에 가까이 올 때 앞으로 내뻗는다. 이때 발의 이동궤도는 목표를 향하여 일직선이어야 한다. 발가락을 젖혀 앞축(앞꿈치)으로 목표를 찬다. 목표를 샅, 단전, 명치, 턱 등이다. 차고 난 후에는 무릎을 접어 당기며 제자리에 놓는다. 이때, 때에 따라 발의 위치는 자기가 이동하고 싶은 쪽으로 옮겨 놓아도 된다. 차는 도중에 딛고 있는 다리의 발바닥이 지면에 붙어있으면 고관절과 무릎관절에 힘이 실려 차는 속도를 낼 수가 없으며 차는 순간의 힘이 약하다. 그러므로 뒤축이 틀어져 차는 발을 따라가거나 발목을 약간 들어 뒤축을 땅에서 떨어지게 한다.

■ 돌려차기

앞쪽 방향으로 몸을 반 바퀴 정도 회전시키며 몸의 회전력을 이용하여 바깥쪽에서 안쪽으로 돌려차는 기술이다. 주로 앞축이나 발등을 사용하여 상대의 얼굴이나 몸통을 직각 방향으로 차는 기술이다. 차는 다리의 무릎을 접어 올린 뒤, 몸을 돌리면서 무릎이 수평으로 돌아 앞축이나 발등으로 목표를 가격한다. 중심축이 되는 다른 무릎과 발목을 펴서 앞축으로 몸의 회전이 잘 되게 한다.
(*빗겨차기: 앞차기와 돌려차기의 중간을 채택하여 앞축이나 발등의 대각선 형태로 빗겨차는 기술로 주로 겨루기에서 빠른 공격기술로 사용된다.)

■ 옆차기

무릎을 접어 올리며 몸을 옆으로 틀면서 발날의 뒤쪽으로 앞에 있는 상대의 몸통이나 얼굴을 차는 기술이다. 차는 순간 어깨와 골반, 발날은 일자 형태를 만들며 시선은 목표를 향한다. 옆차기를 찬 순간 상체를 세워 Y자 모양이 되게 하고 차는 방향으로 중심을 이동시켜 추진력을 얻는다.

가. 뒤돌아 옆차기

상대가 앞에 있을 때 몸을 뒤로 반 바퀴 정도 돌아 무릎을 접었다가 펴며 발날,

뒤축, 발바닥으로 차는 기술이다. 서 있는 위치에서 앞발 뒤축을 상대쪽으로 틀며 차는 발 무릎을 접어 올려 목표를 향해 시선과 몸통을 틀며 곧게 뻗어 찬다.

나. 외산 옆차기(=외산틀 옆차기)

외다리 외산틀막기와 동시에 옆차기 하는 기술이다. 양손을 교차하며 무릎을 접어 올리고 무릎과 양손을 서서히 펴면서 외산틀막기와 옆차기가 동시에 끝나야 한다. 메주먹 바깥치기와 옆차기는 수평을 이루어야 한다.

■ 뒤차기

상대가 앞에 있을 때 몸을 반 바퀴 정도 돌리며 상대를 차는 기술이다. 때에 따라서는 제자리에서 앞발로 뒤에 있는 목표를 찰 수 있다. 앞발 뒤축을 상대쪽으로 틀며 차는 발 무릎을 접어 올려 목표를 향해 시선과 몸통을 틀어 곧게 뻗어 찬다. 차는 발의 끝 모양은 옆차기와 흡사하나 어깨가 열리지 않고 등이 상대를 바라보아야 한다. 상체는 옆차기 때보다 앞으로 기울어지며 무게 중심이 차기의 진행 방향 쪽으로 가도록 한다.

■ 후려차기

가. 앞후려차기

차는 발의 무릎을 앞으로 접어 올려 안쪽으로 틀어 차는 순간 사선으로 올려 무릎을 펴며 수평으로 후려찬다. 사용부위는 발바닥, 뒤축, 뒤꿈치이다.

나. 뒤후려차기

몸을 뒤로 반 바퀴 정도 뒤로 돌리며 발바닥, 뒤축, 뒤꿈치로 상대를 차는 기술이다. 앞발을 틀고 차는 발의 무릎을 접어 올려 바깥쪽으로 뻗으며 틀어 차는 순간 사선으로 올려 무릎을 펴며 수평으로 후려찬다.

■ 내려차기

발바닥이나 뒤축으로 상대의 얼굴이나 가슴 등을 위에서 아래로 내려 차는 기술이다. 차는 발에 체중이 실리도록 몸의 중심을 앞에 둔다. 차는 발은 상대의 얼굴 위로 들어 올려야 하며 차는 순간 힘을 실어 발로 상대를 찍어 누르듯이 찬다. 주로 무릎을 앞으로 접어 올렸다 펴며 수직으로 내려 찬다. 상대의 위치에 따라 안으로 내려차기, 밖으로 내려차기를 할 수 있다.

가. 짓찧기

상대가 움직이거나 도망가지 못하도록 상대의 발등을 뒤축으로 강하게 밟거나 발등의 약한 곳을 내려찍어 짓이기는 기술이다. 주로 상대와 가까이 붙어있을 때 상대를 한곳에 붙잡아 두고 이어서 공격하기 위해서 쓰인다. 상황에 따라 뒤축과 발날, 발바닥을 사용할 수 있고 자신의 발을 직각으로 내려찍는 기술과 비틀며 내려찍는 기술이 있다.

■ 안차기

무릎을 편 채로 다리를 바깥쪽에서 안쪽으로 크게 돌리며 발날등과 발바닥으로 목표를 차는 기술이다. 주로 상대의 얼굴을 차는 기술이며 차는 순간 허리를 틀어 차야 큰 힘을 발휘할 수 있다.

■ 바깥차기

무릎을 편 채로 다리를 안쪽에서 바깥쪽으로 크게 돌리며 발날로 목표를 차는 기술이다. 주로 상대의 얼굴을 차는 기술이며, 발등으로 비틀어차기처럼 찰 수도 있다.

■ 밀어차기

상대를 넘어뜨리거나 상대와 거리를 유지하기 위해 밀어차는 기술이다. 발에 체중이 실리도록 허리의 반동을 적절히 이용하고 사용부위는 주로 발바닥을 사용한다.

■ 낚아차기

옆차기나 뒤후려차는 순간 상대가 피하며 가까이 붙었을 때 무릎을 접으며 상대의 두통수나 등을 뒤꿈치로 차는 기술이다. 상대가 피하며 접근하였을 때 펴졌던 무릎을 뒤로 접어 당기는 힘으로 상대의 뒤통수 또는 등을 공격한다.

■ 비틀어차기

무릎을 몸의 안쪽으로 접어 올렸다가 바깥쪽을 향해 발등이나 앞으로 틀며 목표를 차는 기술이다.

앞차기와 같이 무릎을 접어 올릴 때 몸 정면을 지나 바깥으로 나가다가 다시 방향을 바꾸어 무릎을 뻗으며 찬다. 이때 몸도 틀었다가 골반 반동을 이용하여 다시 차는 쪽으로 튼다. 두 손은 차는 방향과 반대

방향으로 위치하도록 하며 발목을 약간 펴고 무릎은 약간 구부린 채로 찬다.

■ 거듭차기

한쪽 발로 같은 차기를 두 번 이상 차는 기술이다. 보통 첫 번째는 무릎을 차고 두 번째는 몸통이나 얼굴을 찬다. 첫 번째 차기는 비교적 가볍게 찬 후 무릎을 빨리 접으며, 두 번째 차기는 강하게 차서 상대를 제압한다.

■ 표적차기

손바닥으로 가상의 표적을 만들어 반대쪽 발로 차는 기술이다. 표적은 차는 순간 움직이지 않아야 하며 차는 발을 올려 찰 때 무릎을 구부려 표적을 안으로 가격한다. 표적의 위치는 다양한 차기 기술 연습과 정확성을 높이기 위하여 조절할 수 있다.

■ 굴러차기

앞발을 구른 다음 뒷발이 따라올 때 구른 발로 목표물을 가격하는 기술이다. 몸이 앞으로 나아갈 때 큰 힘을 내기 위해서 앞발로 지면을 구르며 뒷발은 자연스럽게 따라오도록 한다.

■ 발붙여차기

주로 가까운 거리에 있는 상대를 공격할 때, 나가며 사용하며 뒷발을 앞발의 위치로 끌어올 때, 위로 뛰지 않도록 무게중심을 아래쪽에 유지한다. 뒷발이 앞발의 위치에 붙이는 순간에 앞의 발을 빠르게 접어 올려찬다.

■ 이어차기

똑같은 차기를 왼발, 오른발 번갈아 연속으로 차는 기술이다. 상대가 뒤로 물러디딜 경우 쫓아가며 이어 차며 때에 따라 뛰면서 이어 찰 수도 있다. 첫 번째 차기 이후, 차는 발을 정확하게 접어와 무게 중심이 이동 방향 앞쪽이 아닌 몸의 중심축에 있도록 주의하여 두 번째 차기를 해야 한다.

■ 이어 섞어차기

이어차기와 같이 왼발, 오른발 번갈아 차기를 하되 왼발차기와 오른발차기를 서로 다른 차기 기술로 한다.

■ 섞어차기

발로 두 가지 이상을 차는 기술이다. 종류에는 앞차고 돌려차기, 앞차고 옆차기, 비틀어차고 돌려차기 등이 있다. 첫 번째 차기를 하고 두 번째 차는 발은 접었다가 다시 차게 되는데, 바닥에 닿지 않고 방향과 차기 기술을 바꾸어 차야 한다.

■ 두발당성차기기

몸을 공중에 띄우며 두 발로 번갈아 이어차기를 하는 기술이다. 두발당성차기 종류에는 두발당성 앞차기, 두발당성 옆차기, 두발당성 돌려차기, 두발당성 안차기, 두발당성 밀어 옆차기 등이 있다. 뛰어올라 뒤에 있는 발을 먼저 차고 접어 앞의 발은 나중에 찬다. 먼저 찬 발을 빨리 접으면 다음 발을 더욱 높게 찰 수 있다. 두발당성은 뛰어나가며 멀리 있는 목표를 차는 방법과 높이 뛰어 올라가며 높은 목표를 차는 방법이 있다. 두 발 모두 몸통 이상을 차야 한다.

■ 뛰어차기

제자리에서는 닿을 수 없는 높은 곳이나 멀리 떨어진 곳, 또는 장애물 너머에 있는 목표를 가격하기 위해 뛰어서 차는 기술이다. 공중으로 뛰면서 차는 모든 기술을 말하며, 뛰어 앞차기, 뛰어 돌려차기, 뛰어 옆차기, 뛰어 내려차기, 뛰어 뒤차기, 뛰어 뒤후려차기, 뛰어 안차기, 뛰어 밀어차기, 뛰어 발 바꿔차기 등의 기술이 있다.

■ 나래차기

두 발을 이어서 돌려차는 기술로 차는 모양이 날개(나래)짓을 닮았다하여 붙여진 용어이다. 한쪽 발로 돌려차고 이어서 반대 발로 뛰어 돌려차는 기술이며, 먼저 차는 발은 주로 상대를 속이기 위하여 무릎을 완전히 펴지 않고 나중에 차는 발로 허리를 들어 정확히 목표를 돌려찬다. 두 발의 연결성을 높이기 위해 첫 번째 차는 발의 무릎을 접어 올릴 때 몸의 중심이 공중에 뜨지 않도록 한다. 중심을 잡기 위해서 두 발을 이어서 돌려차는 순간에 상체가 뒤로 젖혀지지 않도록 한다.

■ 돌개차기

몸 전체로 뒤돌아 뛰면서 돌려차는 기술로 몸을 회전시키며 솟구쳐 오르는 모양이 돌개바람을 닮았다 하여 붙여진 용어이다. 이 기술은 회전력을 이용하여 목표를 더욱 강하게 찰 수 있다. 겨루기에서는 상대를 속이거나 도망가는 상대를 쫓아가며 찰 때 쓰인다. 또한 격파에서는 수련자의 기량에 따라 연속으로 차거나 회전 각도를 더 늘리어 차기도 한다 앞발을 축으로 하여 몸의 뒤쪽 방향으로 반 바퀴 이상 회전하여, 축이 되었던 발로 뛰어서 발을 교차하며 목표물을 돌려찬다. 뒤쪽 방향으로회전 시 시선을 가장 먼저 돌리며, 어깨, 팔, 몸통, 다리 순으로 순차적으로 회전한다. 앞발을 축으로 회전할 때, 뒷발이 앞발의 바로 옆을 지나며 일직선으로 이동할 수 있도록 하며, 도약 시 앞으로 이동한 뒷발과 두 손을 동시에 끌어올리며 뛰어 돌려차기를 찬다.

■ 모둠차기

두 발을 모아 하나의 목표물을 가격하는 기술로 바닥을 구르며 뛰어올라 두 발을 모아 붙여서 하나의 목표물을 동시에 가격한다. 모둠 돌려차기. 모둠 옆차기, 모둠 밀어차기 도 있다. 뛰어오르기 직전에 바닥을 구를 때 시선과 상체가 바닥이 아닌 목표를 향할 수 있도록 한다. 뛰어오를 때는 가슴 높이로 두 무릎을 접어 올린다. 이때 뛰어오르는 순간에 상체가 뒤로 젖혀지거나, 몸의 이동 방향이 앞쪽으로 향하지 않고 위쪽으로 곧게 뛰어오를 수 있도록 한다. 모둠차기를 찰 때 양손은 두 발의 바깥쪽 아래로 뻗어주며 중심을 잡을 수 있도록 하고 차고 난 뒤에는 두 무릎을 빨리 접어 안정되게 착지한다.

■ 양발 앞차기(=두 발 앞차기)

모둠차기와 같이 몸이 공중에 떠서 두 발로 목표를 차는 기술로, 두 발을 모으지 않고 벌려 차는 기술이다.

■ 공중돌아차기(=뒤공중돌아차기)

높이가 있는 목표를 가격하기 위해 공중에서 세로로 돌며 한 발 또는 두 발로 앞차는 기술이다. 허리 축을 기준으로 온몸을 세로로 한 바퀴 앞 · 뒤 · 옆 · 모공중 돌아 차고 난 다음 착지한다. '뒤공중돌아 앞차기', '앞공중돌아 내려차기', '모공중돌아 돌려차기' 등이 있다. 제자리에서 두 발을 이용하여 지면을 밀며 뛰어오를 때 상체가 뒤로 젖혀지지 않도록 하며 양손을 정확하게 위쪽으로 넘겨주어야 한다. 시선은 목표를 향하되 머리나 상체가 뒤로 젖혀지지 않도록 하여 높이 뛰어올라 양 무릎을 빠르게 가슴 쪽으로 끌어올려 준다. 공중돌기를 하며 차기를 할 때 시선은 목표를 향하게 하고, 차기 수행 후 반드시 발을 끌어오며 무릎을 다시 가슴 쪽으로 당겨주며 착지해야 한다.

■ 가위차기

두 발을 벌려 두 개의 목표물을 동시에 가격하는 기술로 뛰어서 차는 모양이 가위 형태라 붙여진 용어이다. 일반적으로 두 목표물을 가격 시 한쪽 발은 비틀어 차고 다른 쪽 발은 옆차기와 같은 형태로 가격한다. 종류에는 수평 일자 차기, 빗겨 일자 차기 등이 있다. 도약 시 비틀어차기를 차는 발의 무릎을 빠르게 접어 올려 두 무릎을 정확하게 모아 준 후에 일자 차기를 해야 한다.

8. 태권도 주차별 강의계획서

주차별 학습내용			
주차	관련하위역량 (Keyword/능력단위요소)	수업내용	비고
1	대면 수업 (o.t) 1. 수업방향 2. 성적부여방법	■ 태권도 용어를 이해한다. ■ 태권도 기본자세를 취할 수 있다. [기술] ■ 태권도 종류에 따른 적응력을 기를 수 있다. ■ 태권도를 통한 인간관계회복 능력을 기른다. ■ 생활 태권도를 상대방에게 지도할 수 있는 능력을 기른다. [태도] ■ 태권도를 통해 안전의 중요성을 이해한다. ■ 태권도 능력을 향상 시킬 수 있는 개념을 이해한다.	대면 수업을 통한 태권도 습득사진으로 설명하고 실제로 동작을 익힐 수 있도록 직접 제작한 동영상 탑재
2	1. 태권도습득을 위한 기본자세 이해하기 2. 태권도 강화를 위한 전환법	1.1 태권도를 위한 신체방어활동의 종류와 실행방법을 설명할 수 있다. [지식] ■ 생활태권도의 개념 및 중요성 이해 ■ 태권도 수련방법 이해 [기술] ■ 태권도 종류에 따른 적응력을 기를 수 있다. ■ 태권도를 통한 인간관계회복 능력을 기른다. ■ 생활 태권도를 상대방에게 지도할 수 있는 능력을 기른다. [태도] ■ 태권도를 통해 안전의 중요성을 이해한다. ■ 태권도 능력을 향상 시킬 수 있는 기술을 상호 교환한다.	대면 수업을 통한 태권도 습득사진으로 설명하고 실제로 동작을 익힐 수 있도록 직접 제작한 동영상 탑재

주차별 학습내용			
주차	관련하위역량 (Keyword/능력단위요소)	수업내용	비고
3	1. 태권도1- 기초 실습	1.1 기본자세를 중심으로 직접 수련효과에 대해 설명할 수 있다. [지식] ▪ 생활태권도의 개념 및 중요성 이해 ▪ 태권도 수련방법 이해 [기술] ▪ 태권도 종류에 따른 적응력을 기를 수 있다. ▪ 태권도를 통한 인간관계회복 능력을 기른다. ▪ 생활 태권도를 상대방에게 지도할 수 있는 능력을 기른다. [태도] ▪ 태권도를 통해 안전의 중요성을 이해한다. ▪ 태권도 능력을 향상 시킬 수 있는 기술을 상호 교환 한다.	대면 수업을 통한 태권도 습득사진으로 설명하고 실제로 동작을 익힐 수 있도록 직접 제작한 동영상 탑재
4	1. 태권도2- 실습하기	1.1 태권도 실습 중 주의사항을 이해할 수 있다. [지식] ▪ 생활태권도의 개념 및 중요성 이해 ▪ 태권도 수련방법 이해 [기술] ▪ 태권도 종류에 따른 적응력을 기를 수 있다. ▪ 태권도를 통한 인간관계회복 능력을 기른다. ▪ 생활 태권도를 상대방에게 지도할 수 있는 능력을 기른다. [태도] ▪ 태권도를 통해 안전의 중요성을 이해한다. ▪ 태권도 능력을 향상 시킬 수 있는	대면 수업을 통한 태권도 습득사진으로 설명하고 실제로 동작을 익힐 수 있도록 직접 제작한 동영상 탑재

주차별 학습내용			
주차	관련하위역량 (Keyword/능력단위요소)	수업내용	비고
		기술을 상호 교환한다.	
5	1. 태권도2- 발차기	1.1 태권도에 대한 개념을 이해하고 설명할 수 있다. 1.2 태권도를 위한 신체방어활동의 종류와 실행방법을 설명할 수 있다. 1.3 태권도 실습 중 주의사항을 이해할 수 있다. [지식] ■ 생활태권도의 개념 및 중요성 이해 ■ 태권도 수련방법 이해 [기술] ■ 태권도 종류에 따른 적응력을 기를 수 있다. ■ 태권도를 통한 인간관계회복 능력을 기른다. ■ 생활 태권도를 상대방에게 지도할 수 있는 능력을 기른다. [태도] ■ 태권도를 통해 안전의 중요성을 이해한다. ■ 태권도 능력을 향상 시킬 수 있는 기술을 상호 교환 한다.	대면 수업을 통한 태권도 습득사진으로 설명하고 실제로 동작을 익힐 수 있도록 직접 제작한 동영상 탑재
6	1. 태권도2- 발차기	1.1 태권도에 대한 개념을 이해하고 설명할 수 있다. 1.2 태권도를 위한 신체방어활동의 종류와 실행방법을 설명할 수 있다. 1.3 태권도 실습 중 주의사항을 이해할 수 있다. [지식] ■ 생활태권도의 개념 및 중요성 이해 ■ 태권도 수련방법 이해 [기술] ■ 태권도 종류에 따른 적응력을 기를 수 있다.	대면 수업을 통한 태권도 습득사진으로 설명하고 실제로 동작을 익힐 수 있도록 직접 제작한 동영상 탑재

주차별 학습내용			
주차	관련하위역량 (Keyword/능력단위요소)	수업내용	비고
		▪ 태권도를 통한 인간관계회복 능력을 기른다. ▪ 생활 태권도를 상대방에게 지도할 수 있는 능력을 기른다. [태도] ▪ 태권도를 통해 안전의 중요성을 이해한다. ▪ 태권도 능력을 향상 시킬 수 있는 기술을 상호 교환 한다.	
7	1. 태권도2- 발차기	1.1 태권도에 대한 개념을 이해하고 설명할 수 있다. 1.2 태권도를 위한 신체방어활동의 종류와 실행방법을 설명할 수 있다. 1.3 태권도 실습 중 주의사항을 이해할 수 있다. [지식] ▪ 생활태권도의 개념 및 중요성 이해 ▪ 태권도 수련방법 이해 [기술] ▪ 태권도 종류에 따른 적응력을 기를 수 있다. ▪ 태권도를 통한 인간관계회복 능력을 기른다. ▪ 생활 태권도를 상대방에게 지도할 수 있는 능력을 기른다. [태도] ▪ 태권도를 통해 안전의 중요성을 이해한다. ▪ 태권도 능력을 향상 시킬 수 있는 기술을 상호 교환 한다.	대면 수업을 통한 태권도 습득사진으로 설명하고 실제로 동작을 익힐 수 있도록 직접 제작한 동영상 탑재
8	직무능력평가1 실시	1. 직무능력 평가1	대면 수업을 통한 태권도 습득사진으로 설명하고 실제로 동작을 익힐 수 있도록 직접 제작한 동영상 탑재
9	1. 태권도2- 발차기	1.1 태권도에 대한 개념을 이해하고	대면 수업을 통한 태권도 습득사

주차별 학습내용			
주차	관련하위역량 (Keyword/능력단위요소)	수업내용	비고
		설명할 수 있다. 1.2 태권도를 위한 신체방어활동의 종류와 실행방법을 설명할 수 있다. 1.3 태권도 실습 중 주의사항을 이해할 수 있다. [지식] ■ 생활태권도의 개념 및 중요성 이해 ■ 태권도 수련방법 이해 [기술] ■ 태권도 종류에 따른 적응력을 기를 수 있다. ■ 태권도를 통한 인간관계회복 능력을 기른다. ■ 생활 태권도를 상대방에게 지도할 수 있는 능력을 기른다. [태도] ■ 태권도를 통해 안전의 중요성을 이해한다. ■ 태권도 능력을 향상 시킬 수 있는 기술을 상호 교환 한다.	진으로 설명하고 실제로 동작을 익힐 수 있도록 직접 제작한 동영상 탑재
10	1. 태권도2- 발차기	1.1 태권도에 대한 개념을 이해하고 설명할 수 있다. 1.2 태권도를 위한 신체방어활동의 종류와 실행방법을 설명할 수 있다. 1.3 태권도 실습 중 주의사항을 이해할 수 있다. [지식] ■ 생활태권도의 개념 및 중요성 이해 ■ 태권도 수련방법 이해 [기술] ■ 태권도 종류에 따른 적응력을 기를 수 있다. ■ 태권도를 통한 인간관계회복 능력을 기른다.	대면 수업을 통한 태권도 습득사진으로 설명하고 실제로 동작을 익힐 수 있도록 직접 제작한 동영상 탑재

주차별 학습내용			
주차	관련하위역량 (Keyword/능력단위요소)	수업내용	비고
		▪ 생활 태권도를 상대방에게 지도할 수 있는 능력을 기른다. [태도] ▪ 태권도를 통해 안전의 중요성을 이해한다. ▪ 태권도 능력을 향상 시킬 수 있는 기술을 상호 교환 한다.	
11	1. 태권도2- 발차기	1.1 태권도에 대한 개념을 이해하고 설명할 수 있다. 1.2 태권도를 위한 신체방어활동의 종류와 실행방법을 설명할 수 있다. 1.3 태권도 실습 중 주의사항을 이해할 수 있다. [지식] ▪ 생활태권도의 개념 및 중요성 이해 ▪ 태권도 수련방법 이해 [기술] ▪ 태권도 종류에 따른 적응력을 기를 수 있다. ▪ 태권도를 통한 인간관계회복 능력을 기른다. ▪ 생활 태권도를 상대방에게 지도할 수 있는 능력을 기른다. [태도] ▪ 태권도를 통해 안전의 중요성을 이해한다. ▪ 태권도 능력을 향상 시킬 수 있는 기술을 상호 교환 한다.	대면 수업을 통한 태권도 습득사진으로 설명하고 실제로 동작을 익힐 수 있도록 직접 제작한 동영상 탑재
12	1. 태권도2- 발차기	1.1 태권도에 대한 개념을 이해하고 설명할 수 있다. 1.2 태권도를 위한 신체방어활동의 종류와 실행방법을 설명할 수 있다. 1.3 태권도 실습 중 주의사항을 이해할 수 있다.	대면 수업을 통한 태권도 습득사진으로 설명하고 실제로 동작을 익힐 수 있도록 직접 제작한 동영상 탑재

주차별 학습내용			
주차	관련하위역량 (Keyword/능력단위요소)	수업내용	비고
		[지식] ■ 생활태권도의 개념 및 중요성 이해 ■ 태권도 수련방법 이해 [기술] ■ 태권도 종류에 따른 적응력을 기를 수 있다. ■ 태권도를 통한 인간관계회복 능력을 기른다. ■ 생활 태권도를 상대방에게 지도할 수 있는 능력을 기른다. [태도] ■ 태권도를 통해 안전의 중요성을 이해한다. ■ 태권도 능력을 향상 시킬 수 있는 기술을 상호 교환 한다.	
13	1. 태권도2- 발차기	1.1 태권도에 대한 개념을 이해하고 설명할 수 있다. 1.2 태권도를 위한 신체방어활동의 종류와 실행방법을 설명할 수 있다. 1.3 태권도 실습 중 주의사항을 이해할 수 있다. [지식] ■ 생활태권도의 개념 및 중요성 이해 ■ 태권도 수련방법 이해 [기술] ■ 태권도 종류에 따른 적응력을 기를 수 있다. ■ 태권도를 통한 인간관계회복 능력을 기른다. ■ 생활 태권도를 상대방에게 지도할 수 있는 능력을 기른다. [태도] ■ 태권도를 통해 안전의 중요성을 이해한다.	대면 수업을 통한 태권도 습득사진으로 설명하고 실제로 동작을 익힐 수 있도록 직접 제작한 동영상 탑재

주차별 학습내용			
주차	관련하위역량 (Keyword/능력단위요소)	수업내용	비고
		▪ 태권도 능력을 향상 시킬 수 있는 기술을 상호 교환 한다.	
14	1. 태권도2- 발차기	1.1 태권도에 대한 개념을 이해하고 설명할 수 있다. 1.2 태권도를 위한 신체방어활동의 종류와 실행방법을 설명할 수 있다. 1.3 태권도 실습 중 주의사항을 이해할 수 있다. [지식] ▪ 생활태권도의 개념 및 중요성 이해 ▪ 태권도 수련방법 이해 [기술] ▪ 태권도 종류에 따른 적응력을 기를 수 있다. ▪ 태권도를 통한 인간관계회복 능력을 기른다. ▪ 생활 태권도를 상대방에게 지도할 수 있는 능력을 기른다. [태도] ▪ 태권도를 통해 안전의 중요성을 이해한다. ▪ 태권도 능력을 향상 시킬 수 있는 기술을 상호 교환 한다.	대면 수업을 통한 태권도 습득사진으로 설명하고 실제로 동작을 익힐 수 있도록 직접 제작한 동영상 탑재
15	직무능력평가 2 (기말고사) 실시	1. 직무능력 평가2	대면 수업을 통한 태권도 습득사진으로 설명하고 실제로 동작을 익힐 수 있도록 직접 제작한 동영상 탑재
16	향상평가 실시	하위 10% 실시(직무능력평가 2에서 부족한 부분 재평가)	

V

유도

1. 유도의 유래
2. 한국 유도의 역사
3. 해방이후의 한국유도
4. 역대 국제 대회 전적
5. 유도의 기초기술
6. 유도 주차별 강의계획서

V. 유도

1. 유도의 유래

유도는 손과 발로서 공격하거나 상대의 공격을 방어하는 무술이다. 유도의 기술과 이론은 본으로 조직되어 있고 본의 수련 통해서 익혀지는 것이다. 이러한 유도는 이미 1400여년전 유술이란 명칭으로 사용되었다. 무기를 소지하지 않고 맨손으로 적을 공격 또는 방어하는 유술의 이름은 타인이 유술에 사용하는 무기나 방법에 기인해서 부르게 된 것이 아니고 정신의 원러에 의해서 불리어졌다. 유술은 柔유능제강의 원리로서 부드러움을 강함을 제압한다는 의미로 해석해도 좋을 것이다(김정행, 김영환, 1987).

유도는 유술외 비법어 구전되어 내려오다가 일본의 Kanojigoro(嘉納治五郎)의해 1882년 체계화를 이루고 2차대전 후 국제적인 스포츠외 보급 발전과 대중화에 힘입어 1951년 국제유도 연맹(I,J,F)의 조직으로 세계적인 스포츠로 등장하게 되었다.

한편 유도는 체급경기로서 한국인외 체격이나체락조건에서 볼때 아주 적성이 맞는 중목으로 인정받고 있으며, 현재 우러 나라에서는 올림픽메달획득이 가장유망한 격기종목이라고 평가하고 있다.

2. 한국유도의 역사

오늘의 유도가 유술로 발달한 것은 고려중엽 고려 15대 숙종(1097~ 1106)때에 이르러 춤과노래로 어부어진 정재(呈才)로 나타나 음악과 함께 장려되었다. 이 때는 유술을 수박(手搏) 또는 각저(角紙) 라고 불렀다. 왕이 이를 좋아하여 상춘정(賞春亭)이나 마암(馬岩)에 갈 때는 수박희(手撲戲)를 시범케했으며, 인종(1123~1146) 때에는무인의 세력이 커지면서 정중부는 이를 유홍의 과목으로 삼는 동시에 군인들의 일상무예로 장려하였다. 이렇게 하여 유술은 권박(拳搏) 각희(角戲) 상박{相搏)이란 이름으로 불리워졌다.

3. 해방이후의 한국유도

8.15 이후 그해 10월 재경 유도 유단자 100여名이 모여 조선 유도연맹을 결성하고 일제하에서 분산되었던 유도인의 역량을 결속하여 조국재건에 기여할 것을 다짐하였다. 韓國柔道의 재건은 柔道에 배어있는 日本的인 것을 불식하 理念의 민주화를 이룩배야 한다는 선

결 과제의 해결 없이는 이루어 질 수 없는 것이었다(김정행,1986).

그래서 유도연맹에서는 柔道用語를 우리말로 새로이 재정하는 등 指導者의 강습을 통해 유도의 이미지 부각에 주력하였으며 1953년에는 韓國柔道의 앞날을 이어나갈 지도자 양성 目的으로 大學課程의 大韓栗道學校가 설립되었다. 55년에는 유도 사절단을 유럽에 파견하여 3개월간 순회 지도함으로써 국위를 선양하는 同時에 한국유도의 이미지를 심고 돌아왔다. 사절단이 韓國柔道 역사상 최초의 국제 무대진출인 것이다(김정행,1986).

그리고 국제무대 시야를 넓혀 1958년 일본동경에서 개최되는 제3회 아시아 경기대회에 권용우, 이석도선수 파견을 시발점으로 오늘에 이르기까지 각종 국제대회에 많은 선수가 출전하여 한국유도를 세계적으로 과시하고 있다(김정행,1986).

4. 역대 국제 대회 전적

1951년 12월 국제유도연맹이 결성된 이후 유도경기는 1956년 제1회 세계유도선수권대회가 개최되었고, 1964년 제18회 동경올림픽대회에 정식종목으로 채택되면서 전세계에서 앞다투어 유도를 실시하고 있어 현재는 140여 개국이 국제유도연맹에 가입하고 있으며, 각종 국제대회만도 30여 종류의 국제대회가 치루어지고 있다. 우리나라도 이에 발맞추어 1987년 제1회 성곡컵유도대회를 개최하기에 이르렀다.

한국 유도가 역대 국제대회에서 참가한 현황과 입상실적을 대회별로 살펴보면 다음과 같다.

올림픽대회에서 최초로 메달을 딴 것은 1964년 제1회 동경올림픽에서 이다. 유도가 정식종목으로 채택된 대회에서 -80kg 김의태 선수가 동메달을 획득하는 것을 시발로 매 대회마다 메달을 얻고 특히 1984년 제23회 L.A 올림픽에는 안병근, 하형주 선수가 금메달을 김재엽, 황정오 선수가 은메달, 조용철 선수가 동메달을 획득하는 쾌거를 올렸으며, 제24회 서울올림픽에서도 김재엽, 이경근 선수가 금메달, 조용철 선수가 동메달을 타내 명실상부한 한국유도의 위상을 굳히면서 대한민국 체육사에 큰 획을 그었다.

그 이후에 2006년 도하 아시안게임 무제한급에서 김성범 선수가 금메달을 차지하는 쾌거를 거두었다.

5. 유도의 기초기술

1) 팔방기울이기

방법	설명
	서로 인사를 한다.
	서로 우자연체 자세에서 잡기를 한 후
	좌 기울이기

방법	설명
	우 기울이기
	앞 왼모 기울이기
	뒤 오른모 기울이기

방법	설명
	뒤 왼모 기울이기
	뒤 기울이기

방법	설명
	앞 오른모 기울이기
	앞 기울이기

2) 낙법

(1) 전방낙법

전방낙법은 신체의 전면이 지면을 향해 넘어질 때 신체를 안전하게 하기 위하여 양손을 가슴쪽 앞에다 삼각형으로 모아 신체보다 두 손이 먼저 지면에 닿게 하여 신체에 가해지는 체중을 분산시키는 방법이다.

방법	설명
	다리를 어깨 넓이로 벌리고 양손을 가슴 앞에서 손끝을 모은 후
	전면 바닥으로 넘어지면서 머리를 옆으로 돌린 후 양쪽 엄지발가락에 힘을 준 후

방법	설명
	양팔이 먼저 지면에 닿도록 하고 엉덩이를 들어 충격을 분산시키도록 한다.

(2) 측방낙법

측방 낙법은 측면(옆)으로 넘어지면서 상체보다 팔이 먼저 지면에 닿도록 하며, 측방낙법은 가장 많이 활용되는 낙법이므로 많은 연습을 통해 숙달해야 운동 상해를 예방할 수 있다.

방법	설명
	어깨넓이로 다리를 벌리고 팔을 옆으로 뻗은 후

방법	설명
	옆으로 넘어지면서 다리 바깥부분이 먼저 지면에 닿도록 자세를 낮춘 후
	상체보다 팔이 지면에 먼저 닿도록 충격을 분산시킨다.

(3) 후방낙법

후방낙법은 등(후면)쪽으로 넘어지면서 신체를 보호하는 방법이다.

방법	설명
	기마자세로 자세를 낮춘 후 두 팔을 앞으로 뻗은 후
	엉덩이를 들어 양쪽 어깨아래에 있는 견갑근쪽과 양팔이 지면을 닿는 동시에
	두다리를 모아 위쪽으로 뻗은 후 충격을 분산시키도록 한다.

(4) 전방회전낙법

전방회전 낙법은 공중회전 낙법의 기초가 되며, 장애물을 넘을 때 착지하는 기본 자세이기도 하다.

방법	설명
	제자리에 서서 정면을 주시한 후
	오른발을 1보 내딛고
	두손을 지면에 대고 전방을 주시한 후

방법	설명
	앞으로 굴러 다리가 지면에 닿기 전에 손바닥을 먼저 지면에 댄 후
	다리가 가볍게 지면에 대면서 측방 낙법 자세를 취한다.

3) 심판법

유도에서 자주 사용되는 심판들의 제스쳐이다.

방법	설명
	시작 경기전에 양선수를 불러놓고 준비자세를 취하게 한다.
	절반 상대방을 기술을 통해 신체가 90도 이상 틀어서 지면에 닿았을 경우 실시하는 조치임.
	한판 상대방을 기술을 통해 양쪽어깨가 공중에서 탄력있게 지면에 닿았을 경우 하는 조치임.

방법	설명
	그쳐 서서 경기를 할 경우 그쳐를 선언하는 것은 장외 또는 소극적 행동시 조치하며, 굳히기 상황에서는 더 이상 진행 되지 않고 멈춰진 상황시 실시함.
 	누르기 상대 선수의 등이 바닥에 닿았을 경우와 선수의 앞가슴이 상대를 누르고 있을 경우 실시하는 조치임.

방법	설명
 	풀려 등이 바닥에서 분리되어 하늘쪽을 보게될 경우와 선수의 몸을 다리로 감싸고 있을 경우 실시하는 조치 임.

방법	설명
 	위장공격 상대방의 중심이동이 없는데도 공격을 한 것과 같이 기술을 시도하다 실패 또는 일부러 넘어지는 행위시 취하는 조치

방법	설명
 	장외 경기도중 일부러 경기장을 이탈하는 행위를 할 경우 취하는 조치

방법	설명
  	지도 팔을 접어서 돌리면서 소극적인 자세를 취한 선수를 가리키면서 실시하는 동작임

4) 다리기술(안뒷축 후리기)

사진	설명
	양손으로 상대방 선수의 중심을 아래로 누른 후
	오른발이 앞쪽으로 이동하면서
	상대방은 움직이지 못하도록 고정을 한 후

사진	설명
	상대방의 우측 발 뒷꿈치를 당기면서
	상대방을 뒤로 넘어뜨린다.

5) 발기술(허벅다리 후리기)

발기술 중에서도 허벅다리 기술은 상대의 뒷목을 잡아당기면서 다리를 후려 상대를 넘어뜨리는 기술이다.

방법	설명
	서로 마주보고 깃을 잡은 상태에서
	중심을 내리면서 한손은 뒷목 깃을 잡고 다른 한손은 팔 끝 깃을 잡은 후
	다리를 들어 옆골반과 허벅다리쪽을 후리면서

방법	설명
 	상대를 당겨 던진다.

6) 손기술(업어치기)

손으로 상대의 소매와 깃을 잡고 중심을 낮추어 상대에게 파고들어 상대를 업어 제압하는 기술이다.

방법	설명
	상호간 옷깃과 팔소매를 잡은 후
	한쪽 다리를 뺏다가 제자리로 들어가면서

방법	설명
	우측어깨로 상대의 겨드랑이를 받쳐들고 상대방의 허리 중심아래로 들어가
	접었던 무릎을 펴면서 상대를 어깨로 업은 후

방법	설명
 	머리와 상체를 숙이면서 상대방을 던진다.

6) 굳히기

굳히기 기술은 지면에 누워 상대방을 조르고, 꺾고, 눌러서 제압하는 그라운드 기술의 일종이다.

(1) 조르기/곁누르기/팔가로누워 꺾기/쭉지걸어 조르기

방법	설명
	조르기(응용기술) 목의 깃을 잡아 당기며 다리로 상대의 몸을 감싼다
	곁누르기 상대방 가슴부위를 옆구리를 이용해 누른 후 목덜미와 팔을 제압하여 누른다.

방법	설명
	팔 가로누워 꺾기 양 다리로 상대의 가슴쪽에 대고 상대의 팔을 당겨 꺾기를 한다.
	쭉지걸어 조르기 양다리로 상대의 하체를 고정하고 한손으로 상대의 팔을 걸어 목에대고 한손으로 가슴 깃을 당겨 조른다.

6. 유도 주차별 강의 계획서

주차별 학습내용			
주차	관련하위역량 (Keyword/능력단위요소)	수업내용	비고
1	대면 수업 (o.t) 수업방향 성적부여방법	▪ 기울이기를 익힐 수 있다. ▪ 낙법을 익힐 수 있다. [기술] ▪ 유도 종류에 따른 적응력을 기를 수 있다. ▪ 유도를 통한 인간관계회복 능력을 기른다. ▪ 생활 유도를 상대방에게 지도할 수 있는 능력을 기른다. [태도] ▪ 유도를 통해 안전의 중요성을 이해한다. ▪ 유도 능력을 향상 시킬 수 있는 개념을 이해힌다.	대면 수업을 통한 유도 습득 사진으로 설명하고 실제로 동작을 익힐 수 있도록 직접 제작한 동영상 탑재
2	1. 유도습득을 위한 기본자세 이해하기 2. 유도 강화를 위한 전환법	1.1 유도를 위한 신체방어활동의 종류와 실행방법을 설명할 수 있다. [지식] ▪ 생활유도의 개념 및 중요성 이해 ▪ 유도 수련방법 이해 ▪ 유도의 본을 익힐 수 있다. ▪ 기울이기를 익힐 수 있다. [기술] ▪ 유도 종류에 따른 적응력을 기를 수 있다. ▪ 유도를 통한 인간관계회복 능력을 기른다. ▪ 생활 유도를 상대방에게 지도할 수 있는 능력을 기른다. [태도] ▪ 유도를 통해 안전의 중요성을 이해한다. ▪ 유도 능력을 향상 시킬 수 있는 기술을 상호 교환한다.	대면 수업을 통한 유도 습득 사진으로 설명하고 실제로 동작을 익힐 수 있도록 직접 제작한 동영상 탑재

주차별 학습내용			
주차	관련하위역량 (Keyword/능력단위요소)	수업내용	비고
3	1. 유도1- 기초 이해 및 실습	1.1 유도의 다양한 기술 중 기울이기의 수련효과에 대해 설명할 수 있다. [지식] ■ 생활유도의 개념 및 중요성 이해 ■ 유도 수련방법 이해 ■ 유도의 본을 익힐 수 있다. ■ 기울이기를 익힐 수 있다. [기술] ■ 유도 종류에 따른 적응력을 기를 수 있다. ■ 유도을 통한 인간관계회복 능력을 기른다. ■ 생활 유도을 상대방에게 지도할 수 있는 능력을 기른다. [태도] ■ 유도을 통해 안전의 중요성을 이해한다. ■ 유도 능력을 향상 시킬 수 있는 기술을 상호 교환한다.	대면 수업을 통한 유도 습득 사진으로 설명하고 실제로 동작을 익힐 수 있도록 직접 제작한 동영상 탑재
4	1. 유도2- 손기술 실습	1.1 유도 실습 중 주의사항을 이해할 수 있다. [지식] ■ 생활유도의 개념 및 중요성 이해 ■ 유도 수련방법 이해 ■ 유도의 본을 익힐 수 있다. ■ 기울이기를 익힐 수 있다. [기술] ■ 유도 종류에 따른 적응력을 기를 수 있다. ■ 유도을 통한 인간관계회복 능력을 기른다. ■ 생활 유도을 상대방에게 지도할 수 있는 능력을 기른다.	대면 수업을 통한 유도 습득 사진으로 설명하고 실제로 동작을 익힐 수 있도록 직접 제작한 동영상 탑재

주차별 학습내용			
주차	관련하위역량 (Keyword/능력단위요소)	수업내용	비고
		[태도] ▪ 유도을 통해 안전의 중요성을 이해한다. ▪ 유도 능력을 향상 시킬 수 있는 기술을 상호 교환한다.	
5	1. 유도2- 다리기술 6~11수 실습 따라하기	1.1 유도에 대한 개념을 이해하고 설명할 수 있다. 1.2 유도를 위한 신체방어활동의 종류와 실행방법을 설명할 수 있다. 1.3 유도 실습 중 주의사항을 이해할 수 있다. [지식] ▪ 생활유도의 개념 및 중요성 이해 ▪ 유도 수련방법 이해 ▪ 유도의 본을 익힐 수 있다. ▪ 기울이기를 익힐 수 있다. [기술] ▪ 유도 종류에 따른 적응력을 기를 수 있다. ▪ 유도를 통한 인간관계회복 능력을 기른다. ▪ 생활 유도를 상대방에게 지도할 수 있는 능력을 기른다. [태도] ▪ 유도을 통해 안전의 중요성을 이해한다. ▪ 유도 능력을 향상 시킬 수 있는 기술을 상호 교환 한다.	대면 수업을 통한 유도 습득 사진으로 설명하고 실제로 동작을 익힐 수 있도록 직접 제작한 동영상 탑재
6	1. 허리기술	1.1 유도에 대한 개념을 이해하고 설명할 수 있다. 1.2 유도를 위한 신체방어활동의 종류와 실행방법을 설명할 수 있다. 1.3 유도 실습 중 주의사항을 이해할 수 있다.	대면 수업을 통한 유도 습득 사진으로 설명하고 실제로 동작을 익힐 수 있도록 직접 제작한 동영상 탑재

<table>
<tr><th colspan="4">주차별 학습내용</th></tr>
<tr><th>주차</th><th>관련하위역량
(Keyword/능력단위요소)</th><th>수업내용</th><th>비고</th></tr>
<tr><td></td><td></td><td>[지식]
■ 생활유도의 개념 및 중요성 이해
■ 유도 수련방법 이해
■ 유도의 본을 익힐 수 있다.
■ 기울이기를 익힐 수 있다.

[기술]
■ 유도 종류에 따른 적응력을 기를 수 있다.
■ 유도를 통한 인간관계회복 능력을 기른다.
■ 생활 유도를 상대방에게 지도할 수 있는 능력을 기른다.

[태도]
■ 유도를 통해 안전의 중요성을 이해한다.
■ 유도 능력을 향상 시킬 수 있는 기술을 상호 교환한다.</td><td></td></tr>
<tr><td>7</td><td>1. 다리기술</td><td>1.1 유도에 대한 개념을 이해하고 설명할 수 있다.
1.2 유도를 위한 신체방어활동의 종류와 실행방법을 설명할 수 있다.
1.3 유도 실습 중 주의사항을 이해할 수 있다.

[지식]
■ 생활유도의 개념 및 중요성 이해
■ 유도 수련방법 이해
■ 유도의 본을 익힐 수 있다.
■ 기울이기를 익힐 수 있다.

[기술]
■ 유도 종류에 따른 적응력을 기를 수 있다.
■ 유도를 통한 인간관계회복 능력을 기른다.
■ 생활 유도를 상대방에게 지도할 수 있는 능력을 기른다.</td><td>대면 수업을 통한 유도 습득 사진으로 설명하고 실제로 동작을 익힐 수 있도록 직접 제작한 동영상 탑재</td></tr>
</table>

주차별 학습내용			
주차	관련하위역량 (Keyword/능력단위요소)	수업내용	비고
		[태도] ▪ 유도를 통해 안전의 중요성을 이해한다. ▪ 유도 능력을 향상 시킬 수 있는 기술을 상호 교환 한다.	
8	직무능력평가1 실시	1. 직무능력 평가1	대면 수업을 통한 유도 습득 사진으로 설명하고 실제로 동작을 익힐 수 있도록 직접 제작한 동영상 탑재
9	1.유도 가술-업어치기	1.1 유도에 대한 개념을 이해하고 설명할 수 있다. 1.2 유도를 위한 신체방어활동의 종류와 실행방법을 설명할 수 있다. 1.3 유도 실습 중 주의사항을 이해할 수 있다.	대면 수업을 통한 유도 습득 사진으로 설명하고 실제로 동작을 익힐 수 있도록 직접 제작한 동영상 탑재
10	1.유도 가술-업어치기	1.1 유도에 대한 개념을 이해하고 설명할 수 있다. 1.2 유도를 위한 신체방어활동의 종류와 실행방법을 설명할 수 있다. 1.3 유도 실습 중 주의사항을 이해할 수 있다.	대면 수업을 통한 유도 습득 사진으로 설명하고 실제로 동작을 익힐 수 있도록 직접 제작한 동영상 탑재
11	1.유도 가술-업어치기	1.1 유도에 대한 개념을 이해하고 설명할 수 있다. 1.2. 유도를 위한 신체방어활동의 종류와 실행방법을 설명할 수 있다. 1.3 유도 실습 중 주의사항을 이해할 수 있다. [지식] ▪ 생활유도의 개념 및 중요성 이해 ▪ 유도 수련방법 이해 ▪ 유도의 본을 익힐 수 있다. ▪ 기울이기를 익힐 수 있다. [기술] ▪ 유도 종류에 따른 적응력을 기를 수 있다. ▪ 유도를 통한 인간관계회복 능력을 기른다.	대면 수입을 통한 유도 습득 사진으로 설명하고 실제로 동작을 익힐 수 있도록 직접 제작한 동영상 탑재

주차별 학습내용			
주차	관련하위역량 (Keyword/능력단위요소)	수업내용	비고
		■ 생활 유도를 상대방에게 지도할 수 있는 능력을 기른다. [태도] ■ 유도를 통해 안전의 중요성을 이해한다. ■ 유도 능력을 향상 시킬 수 있는 기술을 상호 교환 한다.	
12	1. 유도 기술-빗당겨치기	1.1 유도에 대한 개념을 이해하고 설명할 수 있다. 1.2 유도를 위한 신체방어활동의 종류와 실행방법을 설명할 수 있다. 1.3 유도 실습 중 주의사항을 이해할 수 있다. [지식] ■ 생활유도의 개념 및 중요성 이해 ■ 유도 수련방법 이해 ■ 유도의 본을 익힐 수 있다. ■ 기울이기를 익힐 수 있다. [기술] ■ 유도 종류에 따른 적응력을 기를 수 있다. ■ 유도를 통한 인간관계회복 능력을 기른다. ■ 생활 유도를 상대방에게 지도할 수 있는 능력을 기른다. [태도] ■ 유도를 통해 안전의 중요성을 이해한다. ■ 유도 능력을 향상 시킬 수 있는 기술을 상호 교환 한다.	대면 수업을 통한 유도 습득 사진으로 설명하고 실제로 동작을 익힐 수 있도록 직접 제작한 동영상 탑재
13	1. 유도 가술-허리채기	1.1 유도에 대한 개념을 이해하고 설명할 수 있다. 1.2 유도을 위한 신체방어활동의 종류와 실행방법을 설명할 수 있다. 1.3 유도 실습 중 주의사항을 이해할	대면 수업을 통한 유도 습득 사진으로 설명하고 실제로 동작을 익힐 수 있도록 직접 제작한 동영상 탑재

주차별 학습내용			
주차	관련하위역량 (Keyword/능력단위요소)	수업내용	비고
		수 있다. [지식] ■ 생활유도의 개념 및 중요성 이해 ■ 유도 수련방법 이해 ■ 유도의 본을 익힐 수 있다. ■ 기울이기를 익힐 수 있다. [기술] ■ 유도 종류에 따른 적응력을 기를 수 있다. ■ 유도를 통한 인간관계회복 능력을 기른다. ■ 생활 유도을 상대방에게 지도할 수 있는 능력을 기른다. [태도] ■ 유도를 통해 안전의 중요성을 이해한다. ■ 유도 능력을 향상 시킬 수 있는 기술을 상호 교환 한다.	
14	1. 유도 가술-굳히기	1.1 유도에 대한 개념을 이해하고 설명할 수 있다. 1.2 유도를 위한 신체방어활동의 종류와 실행방법을 설명할 수 있다. 1.3 유도 실습 중 주의사항을 이해할 수 있다. [지식] ■ 생활유도의 개념 및 중요성 이해 ■ 유도 수련방법 이해 ■ 유도의 본을 익힐 수 있다. ■ 기울이기를 익힐 수 있다. [기술] ■ 유도 종류에 따른 적응력을 기를 수 있다. ■ 유도를 통한 인간관계회복 능력을 기른다.	대면 수업을 동한 유도 습득 사진으로 설명하고 실제로 동작을 익힐 수 있도록 직접 제작한 동영상 탑재

주차별 학습내용			
주차	관련하위역량 (Keyword/능력단위요소)	수업내용	비고
		■ 생활 유도를 상대방에게 지도할 수 있는 능력을 기른다. [태도] ■ 유도를 통해 안전의 중요성을 이해한다. ■ 유도 능력을 향상 시킬 수 있는 기술을 상호 교환 한다.	
15	직무능력평가 2 (기말고사) 실시	1.1 유도에 대한 개념을 이해하고 설명할 수 있다. 1.2 유도를 위한 신체방어활동의 종류와 실행방법을 설명할 수 있다. 1.3 유도 실습 중 주의사항을 이해할 수 있다. [지식] ■ 생활유도의 개념 및 중요성 이해 ■ 유도 수련방법 이해 ■ 유도의 본을 익힐 수 있다. ■ 기울이기를 익힐 수 있다. [기술] ■ 유도 종류에 따른 적응력을 기를 수 있다. ■ 유도를 통한 인간관계회복 능력을 기른다. ■ 생활 유도을 상대방에게 지도할 수 있는 능력을 기른다. [태도] ■ 유도를 통해 안전의 중요성을 이해한다. ■ 유도 능력을 향상 시킬 수 있는 기술을 상호 교환한다.	대면 수업을 통한 유도 습득 사진으로 설명하고 실제로 동작을 익힐 수 있도록 직접 제작한 동영상 탑재
16	향상평가 실시	하위 10% 실시(직무능력평가 2에서 부족한 부분 재평가)	

VI

합기도

1. 한국 합기도의 유래
2. 한국 합기도의 계보
3. 합기도의 수련내용
4. 합기도 술기
5. 합기도의 낙법
6. 합기도 수자별 강의계획서

VI. 합기도

1. 한국 합기도의 유래

합기도는 한국의 대표적인 종합호신술로 자리매김을 한지 70여년이 지나고 있다. 우리나라는 다양한 무술들이 발전되어 왔지만 정통성을 갖고 호국무예와 호신술로써의 역할을 더 강조해 왔다. 인류의 태동과 더불어 생존목적의 무술로 전해지다가 해방전후로 합기도는 최용술선생의 보급으로 인해 한국합기도의 초석이 되었다고 해도 과언이 아니다.

우리나라의 합기도는 최용술 선생이 1951년에 정식으로 도장을 설립한 것이 그 시초라고 보았다(김이수,2000). 이곳에서 많은 제자들을 양성하여 배출하기 시작하였는데, 대표적인 인물들을 살펴보면 서복섭 선생, 지한재 선생, 김무홍 선생 등이다. 지금의 합기도가 자리잡힌 계기는 지한재선생이 성무관을 개관하였고, 김무홍선생이 신무관을 개설한 50년대 후반부터 본격적으로 합기도가 보급되었고, 기술적인 면에 서서 우리전통무예의 형태로 발전된 시기라고 보여진다.

2. 한국 합기도의 계보

합기도도는 최용술 선생이 대한합기도 유권술이란 이름으로 한국 최초의 합기도를 시작하였고, 50년대 중후반부터 김무홍, 지한재, 서인혁, 서복섭 선생들에 의한 보급이 빠르게 진행되었다.

(김이수,2000, 합기탐구)

3. 합기도의 수련내용

합기도는 다양한 종목으로 이루어진 호신술이다. 일명 종합호신술이라고도 말을 한다. 합기도의 중요한 기술은 호신기법 또는 술기이다. 술기는 여러상황에서 공격자에 대한 방어기법을 초급단계부터 중급, 고급단계로 나누어 익힐 수 있도록 하였다.

첫 번째로 술기는 상대방으로부터의 잡힌 손을 빼는 손빼기, 상대방으로부터 잡힌 손목을 역으로 꺾어서 제압하는 손목수, 상대방이 옷을 잡아 공격해오면 옷을 역으로 이용해서 상대방을 제압하는 의복수, 상대방이 주먹으로 공격해 올 경우 상대의 힘을 역으로 이용하여 제압하는 방권술, 상대방이 발로 공격해 올 경우 제압하는 방족술 및 무기를 들고 공격해 올 경우 이를 방어하는 무기술 등 다양한 호신술들이 배우기 쉽고 익히기 수월하도록 프로그램화되어있다.

두 번째로 합기도는 낙법이 있다. 이는 유도낙법과 같이 전방, 후방, 측방, 전방회전 낙법이 있지만, 합기도에만 있는 특별한 낙법들이 있다. 기계체조 선수들이 하는 마루운동의 대부분 동작들은 합기도인들이 낙법처럼 응용하여 활용하고 있으며, 영화에서 볼 수 있는 액션 들이 이 분야에 속해있다.

세 번째로 합기도는 발차기를 수련하는데, 이 또한 태권도와 명칭만 다를뿐이지 거의 동작이 같다. 하지만 태권도와 다른 발차기 중의 하나는 앉아서 뒤돌려차기를 한다는 것이다. 다른말로 하단후리기 라고도 하는데 이는 중심이 낮고 상대방이 약간의 발만 들어도 앉아서 다리를 활용할 수 있는 기술이기 때문에 매우 유용한 발차기 이기도 하다.

네 번째로 합기도는 권법이 있다. 태권도의 품새와 검도의 본과 같이 여러개의 동작이 손과 발을 통해 공격과 방어를 이루는 형상을 한 권법으로 실전에서 활용가능하기도 하지만 우슈보다는 동작이 딱딱하며, 태권도 보다는 부드러운 동작들로 구성되었다.

다섯 번째로 무기술이 있다. 이는 우슈에서 많이 다루기도 하는데, 합기도는 쌍절곤, 목검, 장봉, 단봉, 단장(지팡이), 부채와 같은 도구를 형(Type)으로 사용하고 있으며, 개인적으로 단이 높을수록 수련할 수 있도록 되어있다.

마지막으로 유술이 있는데 이는 유도의 기술과 일본 아이기도의 회전술(전환법)을 병합하여 상대의 공격을 원심력과 구심력을 활용하여 상대의 중심을 무너뜨려 방어히는 방법을 일컫는다.

4. 합기도 술기

합기도의 술기는 상대방의 공격을 무력화시키기 위해 상대의 힘을 이용하기위한 보법을 익힌다. 보법의 형태는 자연체어서 회전을 하면서 상대의 주먹이나 발을 막으면서 회전하여 상대를 타격하거나 제압하는 가장 기초적인 전환동작을 말한다.

1) 기본보법

기본 보법은 전환을 하기 위한 기본적인 다리의 움직임을 말하며 상대방의 공격을 쉽게 방어하기 위해 원심력과 구심력을 활용하여 상대방의 힘을 무력화 시키는 회전기술중의 하나이다.

사진	설명
	차렷 자세를 한 후
	왼발을 1보 전진시킨 후 왼팔은 앞쪽에 두고 오른팔은 허리쪽에 위치시킨다.

사진	설명
	오른발이 1보 전진하면서 오른발을 축으로 삼고
	왼발을 뒤로 빼면서
	180도로 회전을 하여 선다.

사진	설명
	사시 회전을 했던 반대방향으로 손을 뻗으면서
	1보 전진한 후
	팔을 휘돌리며

사진	설명
	처음 자세로 다리를 빼면서
	움직이기 시작하여 처음 자세로 복귀한다.

2) 손빼기

손빼기는 상대방을 자신의 손목을 잡고 놓지 않을 경우 상대방으로부터 손을 이격시키는 술기의 기초단계이다.

사진	설명
	상대방이 오른쪽(왼쪽)손을 잡으면
	손이 잡힌 쪽 발이 1보 전진하면서 앞으로 민다.(이때 잡힌 손의 손가락에 힘을 주고 손가락을 편다)

사진	설명
	잡힌 손을 왼쪽으로 당기면서 뺀 후
	팔꿈치를 접어 상대방의 턱을 가격하여 제압한다.(실전에서는 팔꿈치를 접지 않고 팔을 펴서 휘두르는 것이 더 강력하고 효과적이다.)

3) 손목수

손목수는 상대방이 손목을 잡고 놓지 않을 경우 손을 빼지 않고 상대방의 손목을 잡고 비틀어서 제압하는 것을 말한다. 손목수는 여러 단계를 한 번에 적용하여 상대방의 손목을 완전 제압하는 술기로 초급, 중급, 고급술기로 구분되어 있다.

사진	설명
	상대방이 손목을 잡아오면
	왼손으로 상대방의 손등을 잡고 오른손으로 상대방의 손목을 잡고 서로 다른 방향으로 비튼다(사진에서 보듯이 왼손은 손등을 좌측으로 비틀면서 위로 올리고, 오른손은 손목을 오른쪽으로 비틀면서 아래로 내린다)

사진	설명
	1보 전진하면서 밀고
	다시 몸 앞쪽으로 당기면서 아래로 누르면서 제압한다.

사진	설명
	상대방이 한 손을 잡아오면
	잡힌 손을 들어 손바닥이 자신의 얼굴과 마주보게 한 후
	반대 손으로 상대의 손목을 잡은 후 잡혔던 손은 한바퀴 회전을 하여 상대의 손바닥과 마주치게 포갠 후

사진	설명
	양손을 동시에 상대방의 손을 시계방향으로 잡고 돌리면서
	두손을 잡아당기면서
	바닥에 눕힌 후 제압한다. 이때 상대방의 팔꿈치를 무릎에 대고 제압을 하도록 한다.

5. 합기도의 낙법

낙법은 위치변화에 따라 인체가 지면에 쓰러질 경우 안전하게 신체의 상해없이 착지하여 골절, 염좌 및 찰과상 및 압박에 의한 통증이 발생하지 않도록 하는 행위이다.

사진	설명
	전방낙법 전방낙법은 상체의 전면이 지면에 닿기 전에 두팔을 이용하여 지면에 상체가 닿지 않도록 하고 두 다리의 앞꿈치가 지면에 닿아 완충작용을 하는 동작이다.
	후방낙법 후방낙법 등쪽 부분이 지면에 닿기 전에 양팔이 지면에 먼저 착지하여 충격을 완화 시키는 동작 중의 하나이다.

사진	설명
	측방낙법 측방낙법은 신체의 측면이 지면에 닿기 전에 팔을 이용하여 충격을 완화시키는 동작 중의 하나이다.
 	전방회전낙법 전방회전 낙법은 상대방이 다리를 걸거나 지면의 장애물로 인하여 자신의 발이 걸려 넘어질 경우 안전하게 회전을 한 후 지면에 착지하는 방법을 말한다.

6. 합기도 주차별 강의계획서

주차별 학습내용			
주차	관련하위역량 (Keyword/능력단위요소)	수업내용	비고
1	대면 수업 (o.t) 수업방향 성적부여방법	▪손빼기를 익힐 수 있다. ▪손목수를 익힐 수 있다. [기술] ▪합기도 종류에 따른 적응력을 기를 수 있다. ▪합기도를 통한 인간관계회복 능력을 기른다. ▪생활 합기도를 상대방에게 지도할 수 있는 능력을 기른다. [태도] ▪합기도를 통해 안전의 중요성을 이해한다. ▪합기도 능력을 향상 시킬 수 있는 개념을 이해한다.	
2	1. 합기도습득을 위한 기본자세 이해하기 2. 합기도 강화를 위한 전환법	1.1 합기도를 위한 신체방어활동의 종류와 실행방법을 설명할 수 있다. [지식] ▪생활합기도의 개념 및 중요성 이해 ▪합기도 수련방법 이해 ▪손빼기를 익힐 수 있다. ▪손목수를 익힐 수 있다. [기술] ▪합기도 종류에 따른 적응력을 기를 수 있다. ▪합기도를 통한 인간관계회복 능력을 기른다. ▪생활 합기도를 상대방에게 지도할 수 있는 능력을 기른다. [태도] ▪합기도를 통해 안전의 중요성을 이해한다. ▪합기도 능력을 향상 시킬 수 있는	대면 수업을 통한 합기도 습득 사진으로 설명하고 실제로 동작을 익힐 수 있도록 직접 제작한 동영상 탐재

<table>
<tr><th colspan="4">주차별 학습내용</th></tr>
<tr><th>주차</th><th>관련하위역량
(Keyword/능력단위요소)</th><th>수업내용</th><th>비고</th></tr>
<tr><td></td><td></td><td>기술을 상호 교환한다.</td><td></td></tr>
<tr><td>3</td><td>1. 인체강화를 위한 단전호흡법 이해하기
2. 합기도1- 기초 손빼기의 이해 및 실습</td><td>1.1 손빼기를 중심으로 직접 수련효과에 대해 설명할 수 있다.

[지식]
■ 생활합기도의 개념 및 중요성 이해
■ 합기도 수련방법 이해
■ 손빼기를 익힐 수 있다.
■ 손목수를 익힐 수 있다.

[기술]
■ 합기도 종류에 따른 적응력을 기를 수 있다.
■ 합기도를 통한 인간관계회복 능력을 기른다.
■ 생활 합기도를 상대방에게 지도할 수 있는 능력을 기른다.

[태도]
■ 합기도를 통해 안전의 중요성을 이해한다.
■ 합기도 능력을 향상 시킬 수 있는 기술을 상호 교환한다.</td><td>대면 수업을 통한 합기도 습득 사진으로 설명하고 실제로 동작을 익힐 수 있도록 직접 제작한 동영상 탐재</td></tr>
<tr><td>4</td><td>1. 합기도2- 손목꺾기 1~5수 실습 따라하기 (비대면 수업 실시)</td><td>1.1 합기도 실습 중 주의사항을 이해할 수 있다.

[지식]
■ 생활합기도의 개념 및 중요성 이해
■ 합기도 수련방법 이해
■ 손빼기를 익힐 수 있다.
■ 손목수를 익힐 수 있다.

[기술]
■ 합기도 종류에 따른 적응력을 기를 수 있다.
■ 합기도를 통한 인간관계회복 능력을 기른다.
■ 생활 합기도를 상대방에게 지도할 수 있는 능력을 기른다.</td><td>대면 수업을 통한 합기도 습득 사진으로 설명하고 실제로 동작을 익힐 수 있도록 직접 제작한 동영상 탐재</td></tr>
</table>

주차별 학습내용			
주차	관련하위역량 (Keyword/능력단위요소)	수업내용	비고
		[태도] ■ 합기도를 통해 안전의 중요성을 이해한다. ■ 합기도 능력을 향상 시킬 수 있는 기술을 상호 교환한다.	
5	1. 합기도2- 손목꺾기 6~11수 실습 따라하기	1.1 합기도에 대한 개념을 이해하고 설명할 수 있다. 1.2 합기도를 위한 신체방어활동의 종류와 실행방법을 설명할 수 있다. 1.3 손빼기와 손목수를 중심으로 직접 수련효과에 대해 설명할 수 있다. 1.4 합기도 실습 중 주의사항을 이해할 수 있다. [지식] ■ 생활합기도의 개념 및 중요성 이해 ■ 합기도 수련방법 이해 ■ 손빼기를 익힐 수 있다. ■ 손목수를 익힐 수 있다. [기술] ■ 합기도 종류에 따른 적응력을 기를 수 있다. ■ 합기도를 통한 인간관계회복 능력을 기른다. ■ 생활 합기도를 상대방에게 지도할 수 있는 능력을 기른다. [태도] ■ 합기도를 통해 안전의 중요성을 이해한다. ■ 합기도 능력을 향상 시킬 수 있는 기술을 상호 교환한다.	대면 수업을 통한 합기도 습득 사진으로 설명하고 실제로 동작을 익힐 수 있도록 직접 제작한 동영상 탐재
6	1. 옷 잡혔을 때 활용 호신술 1~5수	1.1 의복수 능력을 향상시킨다. [지식] ■ 옷잡았을 때 방어법 원리를 이해한다. ■ 손 술기 수련 시 활용되는 기술을 이해한다.	대면 수업을 통한 합기도 습득 사진으로 설명하고 실제로 동작을 익힐 수 있도록 직접 제작한 동영상 탐재

주차별 학습내용			
주차	관련하위역량 (Keyword/능력단위요소)	수업내용	비고
		■ 손 술기를 적절하게 혼용하여 숙련하는 방법을 익힌다. [기술] ■ 손 기술 시 상대방 제압법을 이해한다. ■ 손 기술 시 적용이 어려운 술기를 반복 숙달시킨다. ■ 합기도 단계에 따라 수련 방법이 달라져야 함을 이해한다. [태도] ■ 합기도 수련 시 상해가 일어나지 않도록 주의한다. ■ 항상 1:1로 상대와 마주하여 연습을 한다.	
7	1. 옷 잡혔을 때 활용 호신술 6~10수	1.1 의복수 원리를 이해한다. [지식] ■ 손 술기 수련 시 원리를 이해한다. ■ 손 술기 수련 시 활용되는 기술을 이해한다. ■ 손 술기를 적절하게 혼용하여 숙련하는 방법을 익힌다. [기술] ■ 손 기술 시 상대방 제압법을 이해한다. ■ 손 기술 시 적용이 어려운 술기를 반복 숙달시킨다. ■ 합기도 단계에 따라 수련 방법이 달라져야 함을 이해한다. [태도] ■ 합기도 수련 시 상해가 일어나지 않도록 주의한다. ■ 항상 1:1로 상대와 마주하여 연습을 한다.	대면 수업을 통한 합기도 습득 사진으로 설명하고 실제로 동작을 익힐 수 있도록 직접 제작한 동영상 탑재
8	직무능력평가1 실시	1. 직무능력 평가1 비대면시-합기도	대면 수업을 통한 합기도 습득

주차별 학습내용			
주차	관련하위역량 (Keyword/능력단위요소)	수업내용	비고
	비대면일경우-레포트로 대체 대면일경우-전환법, 단전호흡, 손빼기, 손목수 실기시험	의 필요성, 합기도와 인성의 관계, 본인이 가장 잘하는 합기도 1개동작 사진찍어서 설명후 제출 2. 직무능력평가1 대면시-전환법1개, 단전호흡법1개, 손빼기-4개, 손목꺾기-4개 [지식] ■ 손 술기 수련 시 원리를 이해한다. ■ 손 술기 수련 시 활용되는 기술을 이해한다. ■ 손 술기를 적절하게 혼용하여 숙련하는 방법을 익힌다. [기술] ■ 손 기술 시 상대방 제압법을 이해한다. ■ 손 기술 시 적용이 어려운 술기를 반복 숙달시킨다. ■ 합기도 단계에 따라 수련 방법이 달라져야 함을 이해한다. [태도] ■ 합기도 수련 시 상해가 일어나지 않도록 주의한다. ■ 항상 1:1로 상대와 마주하여 연습을 한다.	사진으로 설명하고 실제로 동작을 익힐 수 있도록 직접 제작한 동영상 탐재
9	1. 주먹으로 공격시 방어법 1~5수	1.1 주먹으로 공격시 방어 방법을 방향에 따라 적용하어 실시한다. [지식] ■ 손 술기 수련 시 원리를 이해한다. ■ 손 술기 수련 시 활용되는 기술을 이해한다. ■ 손 술기를 적절하게 혼용하여 숙련하는 방법을 익힌다. [기술] ■ 손 기술 시 상대방 제압법을 이해	대면 수업을 통한 합기도 습득 사진으로 설명하고 실제로 동작을 익힐 수 있도록 직접 제작한 동영상 탐재

주차별 학습내용			
주차	관련하위역량 (Keyword/능력단위요소)	수업내용	비고
		한다. ■ 손 기술 시 적용이 어려운 술기를 반복 숙달시킨다. ■ 합기도 단계에 따라 수련 방법이 달라져야 함을 이해한다. [태도] ■ 합기도 수련 시 상해가 일어나지 않도록 주의한다. ■ 항상 1:1로 상대와 마주하여 연습을 한다.	
10	1. 주먹으로 공격시 방어법 6~11수	1. 주먹으로 공격시 방어 능력을 향상시킨다. 2. 전환법의 원리를 이해한다. [지식] ■ 손 술기 수련 시 원리를 이해한다. ■ 손 술기 수련 시 활용되는 기술을 이해한다.진으로 설명하고 ■ 손 술기를 적절하게 혼용하여 숙련하는 방법을 익힌다. [기술] ■ 손 기술 시 상대방 제압법을 이해한다. ■ 손 기술 시 적용이 어려운 술기를 반복 숙달시킨다.	대면 수업을 통한 합기도 습득 사진으로 설명하고 실제로 동작을 익힐 수 있도록 직접 제작한 동영상 탐재
11	1. 엇손잡혔을 경우 방어법	1. 엇손 잡혔을 경우 방어 방법을 통해 자신감을 향상시킨다. [지식] ■ 악수 시 경계방법에 대하여 이해한다. [기술] ■ 엇손잡기 방어법 중 상해예방법을 이해 한다. ■ 엇손잡기 습득하기 위한 기초체력 향상 방법을 이해한다. ■ 합기도 수련 목적에 따라 수련 방법	대면 수업을 통한 합기도 습득 사진으로 설명하고 실제로 동작을 익힐 수 있도록 직접 제작한 동영상 탐재

주차별 학습내용			
주차	관련하위역량 (Keyword/능력단위요소)	수업내용	비고
		이 달라져야 함을 이해한다. [태도] ■ 엇손잡기 적용시 상해가 일어나지 않도록 주의한다. ■ 반드시 1:1로 대면하여 연습하도록 한다.	
12	1. 양손잡혔을 경우 방어법	1. 양손 잡혔을 경우 방어를 통해 자신을 보호하도록 한다. [지식] ■ 양손활용 호신법의 사용법을 이해한다. ■ 양손으로 활용되는 기술을 이해한다. ■ 양손합기도 중 앞, 뒤수를 적절하게 혼용하여 수련하는 방법을 익힌다. [기술] ■ 양손 방어법 중 상해예방법을 이해한다. ■ 양손활용 기술을 습득하기 위한 기초체력 향상 방법을 이해한다. ■ 합기도 수련 목적에 따라 수련 방법이다. ■ 합기도 단계에 따라 수련 방법이 달라져야 함을 이해한다. [태도] ■ 합기도 수련 시 상헤기 일어니지 않도록 주의한다. ■ 항상 1:1로 상대와 마주하여 연습을 한다. 달라져야 함을 이해한다. [태도] ■ 양손 활용시 상해가 일어나지 않도록 주의한다. ■ 반드시 1:1로 대면하여 연습하도록 한다.	대면 수업을 통한 합기도 습득 사진으로 설명하고 실제로 동작을 익힐 수 있도록 직접 제작한 동영상 탐재
13	3. 자기방어기술 익히기 2	1.1 무기술 방어법을 다른 사람에게	대면 수업을 통한 합기도 습득

주차별 학습내용			
주차	관련하위역량 (Keyword/능력단위요소)	수업내용	비고
	(무기술)-단검으로 공격 시	지도해 줄 수 있다. [지식] ■ 무기술 수련 시 활용도구(가검)의 사용법을 이해한다. ■ 무기술 수련 시 활용되는 기술을 이해한다. ■ 무기술 수련 시 적절하게 합기와 혼용하여 수련하는 방법을 익힌다. [기술] ■ 무기술 방어법 중 상해예방법을 이해 한다. ■ 무기술을 습득하기 위한 기초체력 향상 방법을 이해한다. ■ 합기도 수련 목적에 따라 수련 방법이 달라져야 함을 이해한다. [태도] ■ 무기 사용 시 상해가 일어나지 않도록 주의한다. ■ 반드시 1:1로 대면하여 연습하도록 한다.	사진으로 설명하고 실제로 동작을 익힐 수 있도록 직접 제작한 동영상 탐재
14	3. 자기방어기술 익히기 2 (무기술)-몽둥이로 공격시	1.1 무기술 방어 방법을 통해 자신감을 향상시킨다. 1.2 무기술 방어를 통해 자신을 보호하도록 한다. [지식] ■ 무기술 수련 시 활용도구(가검)의 사용법을 이해한다. ■ 무기술 수련 시 활용되는 기술을 이해한다. ■ 무기술 수련 시 적절하게 합기도과 혼용하여 수련하는 방법을 익힌다. [기술] ■ 무기술 방어법 중 상해예방법을 이해 한다.	비대면 수업을 통한 합기도 습득 사진으로 설명하고 실제로 동작을 익힐 수 있도록 직접 제작한 동영상 탐재

<table>
<tr><th colspan="4">주차별 학습내용</th></tr>
<tr><th>주차</th><th>관련하위역량
(Keyword/능력단위요소)</th><th>수업내용</th><th>비고</th></tr>
<tr><td></td><td></td><td>■ 무기술을 습득하기 위한 기초체력 향상 방법을 이해한다.
■ 합기도 수련 목적에 따라 수련 방법이 달라져야 함을 이해한다.

[태도]
■ 무기 사용 시 상해가 일어나지 않도록 주의한다.
■ 반드시 1:1로 대면하여 연습하도록 한다.</td><td></td></tr>
<tr><td>15</td><td>직무능력평가 2
(기말고사) 실시</td><td>1. 직무능력 평가1 비대면시-주먹막기합기도 1개(사진 5장이상)동작 사진찍어 설명 후 제출, 옷잡혔을 경우 합기도 사진찍어 설명 후 제출(사진 5장이상)
2. 직무능력평가1 대면시-주먹막기합기도 3개, 옷잡혔을 경우 합기도 3개, 엇손 잡혔을 경우 합기도 3개, 특기술 1개 실시

[지식]
■ 무기술 수련 시 활용도구(가검)의 사용법을 이해한다.
■ 무기술 수련 시 활용되는 기술을 이해한다.
■ 무기술 수련 시 적절하게 합기도와 혼용하여 수련하는 방법을 익힌다.

[기술]
■ 무기술 방어법 중 상해예방법을 이해 한다.
■ 무기술을 습득하기 위한 기초체력 향상 방법을 이해한다.
■ 합기도 수련 목적에 따라 수련 방법이 달라져야 함을 이해한다.

[태도]
■ 무기 사용 시 상해가 일어나지 않도록 주의한다.</td><td>비대면 수업을 통한 합기도 습득 사진으로 설명하고 실제로 동작을 익힐 수 있도록 직접 제작한 동영상 탐재</td></tr>
</table>

주차별 학습내용			
주차	관련하위역량 (Keyword/능력단위요소)	수업내용	비고
		■ 반드시 1:1로 대면하여 연습하도록 한다.	
16	향상평가 실시	하위 10% 실시(직무능력평가 2에서 부족한 부분 재평가)	

참고문헌

국군체육부대 (1986). 소총 사격술. 육군본부.

김경은. (2013). "청소년의 사이버폭력에 영향을 미치는 위험요인: 비행친구의 매개효과를 중심으로", 「미래청소년학회지」, 10(4), 133-159.

김경은 · 최은희. (2012). "청소년의 학교폭력 피해경험이 사이버폭력에 미치는영향 ㅎ 공격성의 매개효과를 중심으로", 「청소년복지연구」, 14(3), 259-28

김수민. (2021). "전자감독대상 성폭력범죄자의 준수사항 위반행동 발달궤적에 미치는 영향요인". 「박사학위논문」, 서울: 동국대학교 대학원.

김정행(1986). 유도개론, 대학유도대학 출판부. p24.

김종선, 안성진(2020). 언어폭력 유형별 감정소진 및 직무만족과 이직의도 관계성연구: 인바운드 상담사를 중심으로. 한국컴퓨터교육학회논문지. 23(5) 23-33.

김진영. (2020). "학교폭력 가해경험이 중학생의 사이버불링에 미치는 영향에서 공격성의 조절효과", 「학습사중심교과교육연구」, 21, 1033-1046.

김희정, 박득(2013). 고객센터 상담자의 감정노동에 관한 제언(언어폭력을 중심으로). 한국컴퓨터정보학회 학술발표논문집. 21(2), 169-172.

대검찰청. (2021). 「2021 범죄분석」, 서울: 대검찰청.

두경희, 김계현, 정여주 (2012). 사이버 폭력 연구의 동향과 과제: 사이버 폭력의 정의 및 유형을 중심으로. 상담학연구, 13(4), 1581-1607.

문용린 외, 학교폭력 예방과 상담. 서울: 학지사, 2006, 157-161

민영삼 (1995). 공기권총에서 총의 정지능력이 득점에 머치는 영향. 미간행 국방체육과학 연구원 1 경지지도자 연수원 1 경기지도자 수료 논문.

바버라 콜로로소, 괴롭히는 아이 당하는 아이 구경하는 아이. 한울아카데미, 2013, 36-72.

박란희(2009). 목소리 구성요소의 커뮤니케이션 효과에 관한 연구: 화자의 호 감도와 공신력에 미치는 영향을 중심으로. 계명대학교. 박사학위논문.

박종렬 · 노상욱. (2008). "데이트 강간의 여성 인식에 관한 문헌통계학적 접근". 「한국컴퓨터정보학회논문지」, 13(6): 287-294.

서인택 (1995). 공기권총 선수들의 조준시간에 대한 조사 연구. 미간행국체육과학 연구원 1 경기지도자 연수원 1 경기지도자 수료문.

시사뉴스. (2020). “조두순, 안산 집 도착...말 없이 조용히 들어가”, 2020년 12월12일 기사

아주경제. (2021). “전자발찌 훼손 연쇄살인범 강윤성, 첫 재판서 사형 각오”, 2021년10월 14일 기사.

양계민, 정현희 (1999). 학교폭력이 청소년의 심리적 적응에 미치는 영향. 한국심리학회, 5(2), 91-104.

양혜경. (2017). “성범죄 수형자의 심리사회재활을 위한 음악치료프로그램의 효과 분석”.「교정연구」, 27(3): 37-62

우철호 (1999). 속사 권총사격의 운동 역학적 분석. 머간행 석사학위논문 :국민대학교 대학원.

이승원 · 서혜란 · 이수정. (2021). “성범죄 전자감독대상자들에 대한 재범추적 연구”.「한국심리학회지: 법」, 12(1): 15-33.

이승원 · 서혜란 · 이수정. (2021). “성범죄 전자감독대상자들에 대한 재범추적 연구”.「한국심리학회지: 법」, 12(1): 15-33.

이태헌 (2004). 사격 선수의 안정성어 조준격발에 머치는 영향. 머간행 석사학위논문: 동신대학교 대학원

자기통제력과 부모-자녀 의사소통의 조절효과. 용문상담심리대학원대학교 석사학위논문.

정여주, 김한별, 전아영 (2016). 청소년 사이버폭력 피해 척도개발 및 타당화. 열린교육연구, 24(3), 95-116.

주디스 허먼, 트라우마 - 가정폭력에서 정치적 테러까지. 서울: 열린책들, 2012, 67-71.

최은서 (2020.10.27). [단독] "말로만 죽는다네 ㅋㅋ"... 동료 학생 죽음으로 몬' 에타'악플. 한국일보.

최정현 (2019). 여자 청소년의 사이버불링 피해 경험과 자살생각의 관계에서 학교폭력 예방 및 대책에 관한 법률, 2008

현금희 (2012). 청소년의 공감능력과 학교생활적응 및 학교폭력간의 관계. 단국대학교, 교육대학원 석사학위 청구 논문.

https://www.hankookilbo.com/News/Read/A2020102709550005564.

Shariff, S., & Gouin, R. (2005). Cyber dilemmas: Gendered hierarchies, free expression, and cyber-safety in schools. Retrieved from w w w . o i i . o x . a c .u k / research/cybersafety/extensions/pdfs/papers/shaheen_shariff.pdf

Vandebosch, H., & Van Cleemput, K. (2009). "Cyberbullying among youngsters: Profiles of bullies and victims", New media & society, 11(8), 1349-1371.

JAMA Psychiatry,(2013), WE Copeland, D Wolke, A angold, Adult psychiatric outcomes of bullying and being bullied by peers in childhood and adolescence. 70(4): 419-426.

저자약력

이기세

-경찰학 박사

전, 우석대 경호비서과 교수

전, 경찰교육원 외래교수

현, 인천광역시 사격연맹 스포츠공정위원회 위원

현, 대한합기도총연맹 대학회장

현, 한국사회안전 융합건강학회장

현, 국제대학교 레저스포츠과 학과장

경호보안학과 학과장

현, 국제대학교 체육진흥센터장

장동수

-체육학 박사

현, 인천대학교 초빙교수

현, 국제대학교 외래교수

현, 사격국제심판(ISSF)

현, 한국사회안전융합 건강학회 부회장

현, 인천광역시 사격연맹 전무이사

조병욱

-체육학 박사수료

현, 국제대학교 초빙교수

현, 인천광역시 검도회 이사

현, 안남고등학교 교사

김유식

-이학박사(단국대)

California state university long Beach post-doctoral fellow

현, 인천대학교 평생교육원 외래교수

현, 현대 직업전문학교 외래교수

현, 서울과학기술대학교 외래교수

김성범

-체육학 석사

전, 2006년 도하아시안게임 유도 금메달 리스트

현, 국제대학교 초빙교수

현, 한국 대학연맹 이사

현, 평택시체육회 G-SPORTS CLUB 부위원장

나춘소

-체육학 석사

전, 미추홀구 경찰서 경정

현, 인천시 남동구 체육회 이사

현, 인천시 유도회 스포츠공정위원회 위원

현, 나누리 행정사 대표

현, 국제대학교 외래교수

노성환

-체육학 박사

전, 합기도 아카데미 총관장

현, 인하대학교 겸임교수

전, 국제대학교 특임교수

현, 대한합기도 총연맹 인천지부장

현, 국제대학교 외래교수

김영국

-체육학 석사

현, 미추홀구 SK 행복가득 주유소 대표이사

현, 인천시 태권도 협회 이사

현, 국제대학교 외래교수

서범상

-체육학 석사과정

전, 남양주시 검도회 부회장

현, 호평검도관 관장

현, 대한 검도회 심판위원

현, 국제대학교 검도부 감독

황현덕

현, 대한체육회 생활체육 위원회 부위원장

현, 인천광역시 체육회 부회장

현, 인천광역시 사격연맹 회장

박규리

-체육학 석사

현, 대전체육고등학교 사격부 전임지도자

현, 대전시 사격연맹 경기이사

현, 평생교육기구 이사

노미원

-체육학 석사과정

현, 묘가협회 회장

현, 활정술 협회 회장

현, 두뇌바둑 창시자

현, 넘버로빅 창시자

현, 한국사회안전융합건강학회 이사

이용완

-체육학 석사과정

현, 평생교육기구 이사

현, 바른자세 진흥원 교육이사

현, 도성아그로 대표이사